ADELAIDA ABRUÑEDO CAAMAÑO

Eres la gran *influencer* de tus hijos

TOROMÍTICO

A Isma, que me consiente y me mima.
A Maxi y a Mini, que son mis maestras.
Gracias. Siempre. ILU.

Ediciones Toromítico • Colección Padres y educadores
Director editorial: Óscar Córdoba
Edición: Rebeca Rueda

www.toromitico.com
pedidos@almuzaralibros.com - info@almuzaralibros.com
Parque Logístico de Córdoba. Ctra. Palma del Río, km 4
C/8, Nave L2, nº 3, 14005, Córdoba.

Síguenos en @toromiticolibros

Imprime: Romanyà Valls
ISBN: 978-84-19962-00-3
Depósito Legal: CO-1389-2023
Hecho e impreso en España - *Made and printed in Spain*

ÍNDICE

Introducción

¿Sabes que tú eres la mayor influencia para tus hijos e hijas?

Sí, tú eres la verdadera *influencer* de tus hijos e hijas, no esas personas que están dentro de una caja, que a veces parecen más irreales de lo que pensamos. Parece que a esas personas todo les va bien, sacan las mejores fotografías a la luz, casi siempre la mejor versión, y lo que ocurre es que no sabemos qué hay por detrás cuando los focos se apagan.

El concepto que te ofrezco en este libro va a hacer que influencies e impactes de forma positiva en tus hijos e hijas, porque tienes un gran poder: el poder de moldear a un pequeño ser humano para que se convierta en un gran ser humano. Y ya sabes:

«Todo poder conlleva una gran responsabilidad».

Tú eres la persona que está ahí, a diario, de cerca, en vivo y en directo, con tus noches en vela, con tus frustraciones, con tus momentos de alegría extrema, y también con los reproches y los enfados. Todo eso forma parte de ti y está bien. Está bien también que seas consciente de que tienes a personas mirándote; quizás creas que no te están escuchando porque sientes que tienes que repetir las cosas una y otra vez para que se hagan, pero te aseguro que te están observando todo el tiempo. Por lo que cuidado con lo que haces y dices, porque, si no estás en coherencia, ellos y ellas cogerán lo que mejor les venga.

Y te estarás preguntando: ¿qué es «coherencia»?

«Coherencia» es alinear lo que piensas con lo que dices y con lo que haces... Y leído así, parece fácil, ¿verdad? Pues no te creas..., porque muchas veces decimos, gritándoles a nuestros peques: «¡¡¡Que te he dicho que no me grites!!!»...

¿Ahora lo entiendes?

Para ser coherentes necesitamos realmente saber qué queremos en nuestra vida, conocernos: cómo pensamos, cómo nos sentimos, cómo actuamos.

Y es que, en realidad, a veces te dejas llevar por impulsos, haces cosas que, si las hubieras meditado un poco, no las habrías hecho, o al contrario: a veces, por pensar demasiado las cosas, no te has atrevido a hacerlas.

O incluso cómo te sientes afecta a las cosas que haces o dejas de hacer. Así que es importante que le prestes atención a la siguiente triada: pensamiento-emoción-comportamiento.

Durante la lectura de este libro podrás ir viendo cómo afrontar las complejidades de esta triada y utilizarla en tu beneficio.

¿Recuerdas aquel momento en el que el predictor te señaló que ibas a ser mamá? ¿Qué sentimientos tenías? ¿Qué pensabas? ¿Estabas nerviosa?, ¿contenta?, ¿ilusionada? ¿Pensaste en algún momento cómo iba a cambiar tu vida?

Tengo que reconocer que, después de años intentando quedarme embarazada, fue un sentimiento de alivio, incredulidad, alegría inmensa y, al mismo tiempo, terror absoluto. Primero, por miedo a que algo fuera mal; segundo, por no saber si sería capaz de hacerlo, y tercero, porque en general, ante lo desconocido, ante lo incierto, siento miedo. ¿Te pasa lo mismo a ti?

¿Qué suele suceder en la maternidad? Dejamos de pensar en nosotras mismas para empezar a pensar en esa personita que, a partir del momento del parto, va a depender totalmente de nosotras. Y si me apuras, ni siquiera a partir del momento del parto,

¿o no te han dicho que es importante hablar a tu bebé cuando está en la barriga, ponerle música, darte caricias en la barriga, no sufrir mucho estrés durante el embarazo, vigilar la comida que ingieres, prestar atención a los pensamientos que tienes, porque ya no eres tú, ya eres tú y el bebé? Así que…, ufff…, mucha responsabilidad en apenas muy poco tiempo.

Y de un momento a otro, y sin saber muy bien cómo, pasamos a un segundo plano y comenzamos a ocupar todo nuestro tiempo enfocadas en el bienestar del bebé que va a venir al mundo. Preparar la habitación, la ropita… Todos los chequeos están muy centrados en observar que la criatura venga bien; incluso, cuando tenemos a nuestro bebé en brazos y vienen las visitas, ya las miradas son para el bebé, poca gente pregunta a la mujer cómo se encuentra.

Y es normal, es una «cosita» indefensa que tiene que aprender a sobrevivir en este mundo hostil; aunque ¿crees que estamos preparadas para afrontar la maternidad en esta sociedad cada vez más individualista?

Y es verdad, dejamos de prestarnos atención, y, dependiendo de cómo haya sido tu infancia y adolescencia, serás más consciente de tus necesidades y les prestarás atención; pero, por lo que yo he experimentado en mis carnes y por lo que he trabajado con otras mujeres, no siempre es así. En infancia, y mucho más en adolescencia, hemos sentido una total desconexión con las necesidades físicas y psicológicas básicas que tarde o temprano salen a la luz, salpicando toda nuestra maternidad.

Como ya te he dicho, desde el momento en el que has dado a luz, ya no eres tú. Ya no eres tú como mujer, como persona, como amiga o como hija. Ya pasas a ser «la madre de», y vienen a ver a tu bebé, y pocas son las personas consideradas que primero preguntan por ti, por tu proceso, y después pasan a preguntar por el bebé… O, si no, dime si en los chats del cole eres Laura, Rocío, Carmen, o, en realidad, eres «mamá de Ana», «mamá de Lucas», o incluso, para las profes, «la madre de XXX».

Y eso que vemos y sentimos desde fuera nos pasa factura, porque, sin darnos cuenta, nos alejamos de nuestra esencia de persona y también de mujer, y esto nos impacta de una forma brutal en nuestro día a día. Porque, como seres sociales que somos, necesitamos pertenecer (recuerda esto que te digo para cuando estés leyendo el capítulo 3) y sentir que formamos parte de algo. Cuando pasamos a ser meras cuidadoras o espectadoras, ¿dónde se queda nuestra esencia? ¿Desde qué lugar nos relacionamos con los demás?

Ahora, en perspectiva, y teniendo dos hijas, pienso en cómo se puede sentir una niña cuando le dicen que va a tener un hermanito o hermanita. Seguro que, al principio, muy ilusionada (sobre todo por cómo los adultos se lo vendemos: «Tendrás un "nuevo juguete", algo con lo que puedes pasar tiempo, conectar, divertirte...»), y todo es genial... Pero, cuando de verdad llega esa nueva personita a la vida de tu primer hijo..., por mucho que tenga ilusión, ganas y amor, pasar a un segundo plano duele, porque es posible que tu hijo o hija sienta que tiene competencia.

En este libro, además de contarte muchas cosas sobre la maternidad como una forma de cambiar y evolucionar, también me estoy abriendo en canal y contando muchas cosas personales, y aquí va una de ellas.

Todo mi embarazo estuve ilusionada y contentísima. Fue un embarazo muy deseado y muy complicado de conseguir por mis problemas de salud que a lo largo de los capítulos te iré desvelando, y, sin embargo, cuando cogí a Maxi por primera vez en brazos, no sentí amor... En realidad, no sentí nada... No sentí conexión, no sentí alegría ni mariposas, ni el corazón me explotó de felicidad... Creo que sentí indiferencia: «Hay una "cosa" que está aquí..., y a ver cómo encajamos los tres en casa...». Y a todo eso había que sumarle el dolor de la cicatriz de la cesárea, el cansancio extremo, el agotamiento por no dormir, el dolor de los pechos por la subida de la leche, el agobio de personas que celebraban el nacimiento de mi hija y que ni siquiera me dejaban un momento de tranquilidad a solas con ella para poder tomarla entre mis brazos y generar ese vínculo... No lo sé, pero lo recuerdo como si mi cuerpo estuviera disociado de mi mente, de mi corazón; era como si yo no fuera un todo, sino que caminaba, pensaba, sentía hacia todas partes, pero sin ir unidas...

No fue hasta más tarde cuando de pronto comencé a sentir ese vínculo que hizo que empezara a querer a Maxi con todo, cuerpo, alma y mente... Fue de a poquito, y de pronto ya la quería todo y cada vez más. En cambio, con Mini fue completamente al revés: en cuanto la tomé en brazos, ya estaba enamorada de ella. Fue un flechazo. Y no es que quiera más o menos a cada una de mis hijas, las quiero todo a las dos y, al mismo tiempo, no les doy lo mismo a las dos. Volveremos a esto en el capítulo 6, donde te explico que el conflicto es tu aliado y te hablo de los lenguajes del amor.

En realidad, creo que con Maxi mi instinto maternal no estaba desarrollado, no sabía qué era ser madre, y, aunque me habían contado, nadie en realidad te prepara emocionalmente para lo que es ser madre. Por mucho que le expliques a alguien que no es madre lo que es serlo, no sé si hay palabras suficientes como para de verdad poder representar fielmente la sensación y emociones que rodean a toda la maternidad... Porque es querer y no querer; es amar y, al mismo tiempo, estallar; es la alegría inmensa y la tristeza profunda. Es muchas cosas a la vez y, sin embargo, también vacío... En realidad, hay cosas que no se pueden explicar, sino que tienes que experimentar para poder no sé si entender, pero al menos sí para poder saber.

Y ahora te pongo en situación: sabiendo que la maternidad es el trabajo más importante que te toca ejercer a nivel personal, de repente te das cuenta de que no tienes formación para ello. En el colegio te han enseñado a leer, a sumar, a restar, a resolver ecuaciones de segundo grado, etc. En estudios superiores te han preparado para ejercer una carrera o una profesión. Pero, en realidad, toda la enseñanza y el trabajo profundo a nivel personal que culmina cuando tienes que ser el modelo para otra personita no es algo que esté materializado en ningún sitio concreto. Existe un vacío en el que no sabemos cómo educar y criar a nuestros hijos de una forma consciente y respetuosa, y simplemente basamos nuestro modelo de crianza en lo que nosotros hemos experimentado, que, si hemos sido afortunados, ha sido basado en el amor incondicional, en el respeto, en la calma y la tranquilidad. Aunque..., seamos sinceros, es un modelo que escasea.

Así que es importante que leas, que te informes, y también que sanes tus heridas y después comiences a educar desde otro prisma, desde otro lugar, con otra visión/misión.

Entonces, justo en este preciso instante es cuando surge lo que yo llamo «la gran paradoja de la crianza»: cuidar, criar y educar a niños y niñas de forma responsable y adaptativa, cuando nosotros somos adultos que no somos capaces de relacionarnos de forma saludable, consciente o respetuosa con nosotros mismos y con los demás. Porque una cosa es querer educarlos de forma positiva, respetuosa, consciente y responsable; otra cosa es saber hacerlo, y otra es ser capaces de hacerlo.

Imagino que todos los padres y madres quieren educar a sus hijos de la mejor forma: dándoles herramientas, facilitándoles la vida, buscando su felicidad, haciendo lo posible para que se conviertan en personas honradas, colaborativas, generosas; pero quizás no saben por dónde empezar o cómo, o empiezan bien y después es verdad que no saben hacerlo, porque no tienen suficiente paciencia o confianza en sí mismos, o siguen y repiten patrones que han experimentado que no son muy adecuados, o han visto o les han contado. Y pienso si son capaces de hacerlo. Quieren educar desde la serenidad, pero... ¿tenemos serenidad para poder educar desde la serenidad? ¿Tenemos suficiente paciencia para educar con paciencia? ¿Respetamos de verdad lo suficiente como para educar en el respeto y con respeto?

«Recuerda que nadie puede dar lo que no tiene».

Antes de explicarte la paradoja de la crianza que te he adelantado unos párrafos más arriba, déjame que te plantee una pregunta, y, por favor, responde con la mano en el corazón:

Cuando en tu día a día, como adulto, en sociedad, te toca lidiar con un problema, ¿cómo lo haces?

- ¿Echas balones fuera?
- ¿Buscas culpables?
- ¿Piensas que tu punto de vista es el correcto?
- ¿Te alteras y frustras?
- ¿Dejas que el otro gane, aunque creas que no tiene razón?
- ¿Piensas que la otra persona es mediocre o incompetente?
- ¿Interrumpes constantemente a la otra persona?
- ¿Te marchas enfadado si no consigues lo que quieres?
- ¿Buscas vengarte cuando te han hecho daño?
- ¿Guardas rencor durante semanas, meses o años?
- ¿Te callas y no dices nada por no tener una discusión?
- ¿Prefieres no disgustar a la otra persona?

Si has contestado a más de tres preguntas que sí, ¡ups, peligro! Quizás no sabes gestionar los conflictos o situaciones de la mejor forma, y, si en esta vida hay una cosa cierta, es que, cuando tienes un hijo o una hija, todo o casi todo son conflictos, desacuerdos o desavenencias. Pero, por suerte, tienes en tus manos este libro. Yo te voy a enseñar a hacerlo un poco mejor; ya lo verás.

Entonces, ahora sí: ¿en qué consiste la paradoja de la crianza? Consiste en querer educar de la mejor forma posible a tus hijos y, al mismo tiempo, no saber cómo hacerlo, básicamente por dos factores.

Un primer factor o punto importante que se debe considerar es el siguiente: cuando no eres padre o madre, no sabes que tienes heridas. Casi todas las personas sufren heridas en su infancia, y muy pocas saben que las tienen. Uno de los momentos en los que empezamos a tomar conciencia de nuestras heridas es cuando nuestros hijos nos las reflejan. Es decir, sé que tengo que estar emocionalmente preparado para educar a mis hijos; creo que tengo determinada estabilidad, coherencia; que me rijo por unos valores en los que creo y predico, y después me doy cuenta de que me comporto de una forma muy poco alineada con lo que voy diciendo. Y empiezo a notar cosas «raras», y por «raras» quiero decir que no estoy contenta con lo que hago, no me gusta la persona en que me está convirtiendo la maternidad: me paso el día gritándoles a mis hijos, me canso y me frustro porque mis hijos me toman el pelo, porque no me escuchan o no me hacen caso, y empiezo a gritar más, y a castigar, y a chantajearlos, y quizás a pegarles. Y así, poco a poco voy mutando de ser una persona racional a convertirme en «la loca de la colina», porque sí, la maternidad desquicia si no somos conscientes de nuestras heridas y si no tenemos herramientas o estrategias con las que afrontar los retos diarios de ser madre.

Y el segundo factor lo podríamos representar como el gran conflicto interno que surge cuando soy madre o padre y quiero seguir haciendo cosas que no son «típicamente» de padres o madres, o al menos creo (o me han hecho creer) que ya no puedo hacerlas. Y no se trata de seguir saliendo hasta las tantas con el bebé y meterme en la discoteca o las fiestas patronales a las cuatro de la mañana y dejar al niño en el carrito porque así se acostumbra, o irme de viaje a las tres semanas de dar a luz porque necesito seguir viajando en pareja para no perder nuestra conexión por haber sido padres.

Que sepas que no voy a ser yo quien juzgue estos comportamientos, y en este libro no voy a entrar a hablar de este tipo de casos porque cada uno sabe qué historia o experiencias ha pasado para tener que seguir teniendo esos comportamientos. Más bien, me gustaría que siguieras leyendo para que te des cuenta de que este tipo de comportamientos están muy ligados a lo que te voy a contar a continuación y que se pueden perfectamente compaginar con la maternidad o paternidad.

Una de las creencias más arraigadas en la maternidad es que tenemos que desvivirnos en el cuidado de nuestros hijos e hijas, especialmente si son recién nacidos, sobre todo si has optado por la lactancia materna exclusiva, o incluso también si crees en la crianza consciente y respetuosa.

Sin embargo, esto se asemeja a cuando se escucha «por ahí» que la crianza positiva, consciente y respetuosa consiste en dejar hacer a los niños y niñas lo que quieran para que no se traumaticen, para que puedan desarrollarse plenamente, para evitarles frustraciones, para que aprendan a ser personas felices y colaborativas sin importar las circunstancias, para que fluyan, para que sean espíritus libres o sin responsabilidades, etc.

Lamento informarte que eso no es crianza ni respetuosa, ni consciente, ni responsable, ni nada. No sé de dónde ha salido esa idea, pero desde aquí hoy te la voy a negar. Y si quieres que tus hijos hagan lo que les plazca en todo momento sin coartarlos, cariño, espero que tengas la mente abierta o dejes el libro en la estantería, porque te voy a abrir los ojos. Porque no, educar de forma responsable, consciente y respetuosa...

NO ES	ES
Dejar que hagan lo que quieran en todo momento.	Usar normas.
Que fluyan, pasando por encima de las necesidades de otros.	Tener límites.
Evitarles frustraciones.	Enseñarles a aprender de sus frustraciones. Motivarlos a mejorar.
Consentir todo.	Redirigir el comportamiento y enseñarles a respetarse ellos, a los demás y al entorno.

NO ES	ES
Darles todo.	Proporcionarles herramientas de autogestión.
Reírles todas las gracias.	Enseñarles a respetar.
Adularlos y alabarlos.	Alentarlos a que se esfuercen.
Castigarlos, anularlos, insultarlos, ningunearlos.	Autoconocimiento y autocontrol: para el adulto y el niño.

Además, en crianza RCR, el autocuidado es fundamental.
¿Y qué es y qué implica el autocuidado?

- Autocuidado implica cuidarme para estar y sentirme bien conmigo misma, y así poder tratar bien no solo a mis hijos, sino a las personas que me rodean en general.

- Autocuidado implica ser ejemplo para mis hijos e hijas, porque, si yo me cuido, me trato bien, me respeto, escucho mis necesidades, eso significa que mis hijos se cuidarán, se tratarán bien, se respetarán y se escucharán.

- Autocuidado implica que, si una persona me trata sin respeto, yo me marcho y me alejo de esa situación, porque tengo todo el derecho a alejarme. Tengo el derecho (y la obligación) de alejarme de personas que no me tratan bien, y así se lo tengo que enseñar.

- Autocuidado implica que, si necesito parar, es que necesito parar, y lo hago. Sin culpabilizarme por ello.

- Autocuidado implica tomarse la vida con calma y tener prioridades; significa no tener que ser productiva todo el tiempo; significa poder ir más despacio y desconectarme de las redes virtuales para conectarme conmigo misma.

«Cuidar de ti no te hace egoísta ni mala persona. El egoísmo es anteponer tus deseos sobre las necesidades de los demás. El autocuidado implica anteponer tus necesidades por encima de los deseos de los demás».

Te lo desarrollo todo en el capítulo 5.

Por tanto, este libro te va a acompañar y te va a hacer el camino mucho más fácil. No es magia ni es la receta milagrosa, te lo digo desde ya; como tampoco es una travesía sin fuerte oleaje. Lo que te anuncio es que, con las estrategias, la información que te comparto y la actitud adecuada, vas a poder disfrutar de tu maternidad y vivir de acuerdo con tus valores; vas a crecer como persona, como mujer, como madre; vas a dejar a un lado la culpabilidad y la autoexigencia, y vas a conseguir reír mucho más y a impactar de forma muy positiva en la vida de tus hijos e hijas. ¿Y quién no quiere eso para las personas que más ama (incluyéndose a una misma)?

Con los años, he aprendido, muchas veces por el camino largo y doloroso, que la maternidad, al menos como yo la estoy desarrollando, en realidad aplica, implica y afecta a todas las áreas de mi vida, y sobre todo tiene muchas sinergias y es extrapolable, a nivel relacional y social, a todas las personas que me rodean, ya sea mi pareja, amistades, compañeros de trabajo, etc.

Y como yo me he equivocado y he hecho sufrir y he sufrido, te he preparado este libro, para que con su lectura aprendas a ser crítica, que tengas una opinión propia. Si hay cosas que te resuenan, ponlas a prueba; si hay cosas que te rechinan, ponlas a prueba; si hay cosas que te gustan, acógelas y sigue poniéndolas a prueba.

No voy a ser yo quien te diga cómo tienes que educar a tu hijo o a tu hija, pero, si quieres transitar tu maternidad de una forma plena, responsable, consciente y disfrutando de cada día, por favor, no dudes en leer este libro y dudar de lo que lees, y, al mismo tiempo, acoger y aceptar lo que te sirva; desechar y contrastar lo que no te convenza, e incluso ponerte en contacto conmigo para charlar y debatir sobre esto (te dejaré mi contacto directo al final del libro).

Este es un libro que te abre las puertas no solo a una nueva forma de criar y educar, sino a una nueva forma de ver la vida, siguiendo haciendo preguntas y cuestionando las cosas, porque así debería ser toda la vida; así debería ser con la crianza, con la enseñanza, con los trabajos, con la pareja: tener curiosidad por saber y aprender cada día más.

Y lo hago planteándote muchas preguntas. Verás que el libro está plagado de pequeños test en los que te puedes autoevaluar. En ellos te formulo preguntas para que te pares a pensar antes de seguir leyendo; es la forma en la que me gusta hacer las cosas. Como *coach*, no quiero darte las respuestas, sino que te animes a profundizar y a pensar un poco en tu situación, y, si algo te resuena, que sigas investigando y buscando las respuestas, pues están dentro de ti, yo solo estoy dándote pistas sobre dónde tienes que ir buscando.

Además, no olvides que todas las estrategias y herramientas que te planteo las puedes compartir con tus hijos y enseñárselas. Adáptalas a su lenguaje y a su edad. Te aseguro que de esta forma les vas a dar un maravilloso regalo para toda la vida.

CAPÍTULO 1
Crianza RCR

DEFINICIÓN DE CRIANZA RCR

¿Qué es una crianza responsable, consciente y respetuosa?

La palabra *responsable* viene del latín *responsum*, que es una forma latina del verbo *responder*. Es decir, la responsabilidad es la habilidad de responder.

Una crianza responsable es la que tiene la habilidad de responder a las necesidades no solo de los hijos, sino también de los adultos de referencia encargados de cuidar y criar.

Una crianza consciente consiste en que, en todo momento, tenemos en mente que estamos educando con nuestro ejemplo y con propósito, que es aprovechar cada oportunidad que se nos presenta en la crianza, para aprender de lo que sucede y sacar el máximo provecho de ello.

Una crianza respetuosa significa que tenemos en consideración los tiempos, las opiniones y las distintas características de los niños o niñas; también los diferentes contextos en que nos encontramos, para así poder desarrollar las habilidades que mejor se adapten a las necesidades que vayan surgiendo en el día a día no solo de la crianza, sino del proceso de crecimiento como ser humano.

CIMIENTOS DE LA CRIANZA RCR

1. Asertividad. Es la capacidad de responder a las cosas que suceden con amabilidad y firmeza, respetando al otro, respetándome a mí y respetando el entorno.

2. Conectividad emocional. Responde a la capacidad para generar conexión.

3. Impermanencia. Todo es un proceso; las cosas requieren tiempo y práctica. Y saber esto nos proporciona alivio, saber que «todo pasa y todo llega» nos ayuda a tomar perspectiva de las cosas.

4. Propósito. Siempre hay que tener en mente una serie de preguntas: ¿qué quiero conseguir con esto que hago? ¿Esto que hago me aleja de mi hijo?, ¿lo ayuda a ser una persona más honrada, más feliz, mejor? ¿Para qué educo a mi hijo con este tipo de crianza?

Con los dos primeros cimientos, y a medida que vayas leyendo, te vas a encontrar con un montón de herramientas y cosas prácticas que puedes utilizar cada día para poder acompañar a tus hijos de forma mucho más amable y compasiva, y con los dos últimos te planteo la filosofía y las estrategias con las que podrás hacer más llevaderos los retos, los problemas y los desastres que te encuentras en tu maternidad en el día a día.

¡Empezamos!

1. Asertividad

La asertividad es la primera base sobre la que se sustenta la crianza RCR. En la asertividad soy firme y amable al mismo tiempo. Me respeto a mí misma, a mis necesidades, y al mismo tiempo respeto las necesidades de las personas que me rodean. Soy cuidadosa conmigo y con la persona que tengo delante de mí.

La firmeza no consiste en ser rígido, no te confundas. Ser firme es ser consistente, tener determinación, luchar por lo que uno cree, ser coherente con lo que se piensa, se dice y se hace.

Con la asertividad, además, practico dos habilidades más: la flexibilidad y la adaptación. Ambas son fundamentales en la crianza RCR.

«*El junco se inclina y sobrevive al vendaval, mientras que el poderoso roble se resquebraja*».

Piensa en lo siguiente: ¿cómo afrontas las cosas que suceden?

Y fíjate que no digo las cosas que «te» suceden, porque las cosas pasan, no «te» pasan. Porque, cuando piensas que las cosas «te» suceden, estás dejando que tu ego hable por ti, o bien haciéndote la víctima. Es decir, te estás dejando caer en un rol que no te corresponde: si realmente crees eso, eres víctima de las circunstancias, y todo lo que te rodea es capaz de influir en cómo respondes o cómo reaccionas a las cosas que pasan.

Piénsalo un poco, asienta esta idea que te desarrollaré más adelante, y, mientras, te cuento que puedes afrontar las cosas que te suceden de tres formas distintas:

1. Siendo piedras (solo firmes). Es decir, soy rígido, me aferro a dicotomías: todo es blanco o negro; algo es bueno o es malo; todo me pasa a mí, o todo es por tu culpa. En este caso, somos muy tajantes, no vemos el cuadro completo, sino que estamos a lo mejor tan centrados en el problema o la situación que ha sucedido que tenemos que buscar formas de alejarnos, tomar distancia y ver las cosas con perspectiva. Cuando una persona es tan rígida, la persona se cree en posesión de la verdad absoluta; de ahí, el ser tajantes, no tener en cuenta las opiniones de los demás.

   Genera un clima de mucha desconexión con nosotros mismos y con otras personas. Tampoco hay confianza con los demás. «Esto me pasa porque sí», pienso, y me aguanto, me deprimo, me emborracho, me voy de compras...

El que a veces seamos tan rígidos tampoco nos permite disfrutar plenamente de las cosas que van sucediendo, o incluso tampoco da margen al error, puesto que se penaliza. Deberíamos fomentar el error con aprendizaje, enfocarnos en buscar soluciones en lugar de la perfección.

Las cosas pasan a veces para algo. Aprender a ser flexibles es de suma importancia en un tiempo tan cambiante.

2. Siendo peluchitos (solo amables). Es decir, siendo indulgentes todo el tiempo; dejándonos fluir sin que nos importen las consecuencias; siendo blandos y suaves; cediendo constantemente para evitar cualquier tipo de enfrentamiento; tolerando comportamientos agresivos, invasivos o improcedentes; aguantando las cosas que suceden con pasividad. Estas personas, que, como yo digo, parece que, en lugar de sangre en las venas, tienen horchata, jamás se enfadan. No levantan la voz, pero tampoco la bajan. Son personas que están más en la posición de aguantar el chaparrón, suceda lo que suceda.

    En este caso, estamos en el otro extremo del péndulo. No estamos poniendo límites a los demás, no somos capaces de decir cómo nos sentimos cuando alguien nos trata mal, o cuando sentimos que no nos tratan bien. Deberemos asumir la responsabilidad por nuestros actos, poner límites a las actitudes ofensivas, a cómo nos hablamos o cómo nos hablan los demás.

3. Siendo limpiapipas (adaptables). Es decir, amables, firmes y adaptables. Son las personas que se amoldan, que son flexibles, que aprenden de los errores y, a la vez, son rígidas cuando tienen que serlo, sin llegar al autoritarismo o a la dictadura. Se amoldan y adaptan a las situaciones tratando de sacar el máximo provecho de la misma, sin

quedarse enganchado a la situación, a la emoción. Escuchan y se escuchan, y a la vez analizan si es el momento adecuado para tratar el tema. Intentan buscar una solución que sea beneficiosa para ambas partes sin tratar de ser paternalista.

Este último patrón consiste en tener unas normas y unos valores, así como unas formas de ser marcadas y ajustadas, pero también en ser flexible cuando la ocasión lo merece. A veces es bueno conciliar ambas partes y negociar, puesto que, si nos mantenemos demasiado rígidos, es posible que alguna de nuestras partes se resienta. Para ello, deberemos poner encima de la mesa lo que nos preocupa, saber qué es lo que queremos y lo que no toleraremos. Y en base a esto, negociar con nosotros mismos y darnos permiso.

2. Conectividad emocional

El segundo cimiento que constituye la crianza RCR es la conectividad emocional.

Se habla mucho de la importancia de la conexión entre las personas para generar y establecer vínculos estables y sólidos con los demás, ya sea con compañeros de trabajo, pareja, familias y, sobre todo, en la crianza de nuestros hijos e hijas (ya que esta primera conexión ayuda en la formación del vínculo saludable de apego). Sin embargo, para mí, antes de hablar de conexión, es importante que hablemos de una habilidad que la precede y que es la conectividad.

La conectividad es la capacidad de conectar o generar conexión y, como digo, es anterior a la conexión, porque no puedo tener conexión si antes no tengo la capacidad de hacerlo. Esto que ahora mismo te está sonando a perogrullo tiene su lógica, si me permites unos cuantos párrafos para que te la explique.

Es como si te dijera que no puedes enchufar tu portátil a la red para cargarlo si no tienes el cable, porque puedes tener un cable de un portátil que no sea compatible con el que tú tienes, o puedes tener un cable cuyo enchufe no sea para la corriente europea (sino que sea el de los Estados Unidos), o incluso puede ser que tu portátil esté defectuoso y no tenga el puerto de carga para introducir el cable, etc. ¿Me sigues?

La conectividad implica una capacidad de conectar, es decir, de tener el cable «adecuado» para conectar el portátil a la red eléctrica. Y la conexión implica que, una vez que está conectado, el portátil sea funcional, pueda desarrollar sus funciones de manera efectiva, es decir, que podamos relacionarnos con los demás de forma adecuada. Para tener esta conectividad emocional, necesitas ser muy consciente de que tienes que conectar contigo mismo primero y después con los demás.

Tienes conectividad emocional contigo misma cuando te conoces, cuando sabes cómo eres: tus defectos, fortalezas, debilidades, puntos fuertes... También cuando sabes qué cosas te alteran y cuáles te calman; cuando eres capaz de autogestionarte y autorregularte; cuando te das permiso para fallar; cuando te escuchas y respetas tus necesidades. Todas estas cosas van a permitirte ser mucho más compasiva contigo misma y, por extrapolación, vas a ser capaz de conectar mucho mejor con los demás.

Primero, debemos conectar con nosotros mismos, entendernos, y para eso debemos ser amables con nosotros mismos, no fustigarnos, creer que podemos hacer las cosas y también aprender de los errores cuando los cometemos. (Puedes pasarte ahora por el capítulo 5, donde podrás hacer unos ejercicios para desarrollar tu autoconocimiento, o seguir aquí).

Para cultivar la conectividad emocional con los demás necesitas dos cosas: la presencia y la disponibilidad.

Te lo explico a continuación.

a) Presencia

«Estar presente» significa que estás en el momento actual. Aquí y ahora, con todos tus sentidos, prestando toda tu atención a la persona que tienes enfrente.

Que prestes toda tu atención a algo o a alguien hoy en día es como si un familiar o un amigo te pidiera que le prestaras veinte millones de euros. Y no es porque no quieras dejarlos o no los tengas, es que, aunque quisieras, sería demasiado complicado.

Creo que hoy en día tener veinte millones de euros es más fácil que tener diez minutos de atención enfocada y sin distracciones. Porque actualmente la atención es nuestra posesión más valiosa, y ya hay muchos estudios que nos dicen que las personas no somos capaces de mantener una atención continuada, enfocada y efectiva más allá de unos pocos minutos. Así que regalar tu atención a tu pareja, a tus hijos o a tu jefe más de unos instantes es bastante complicado (si no has entrenado).

¿Y por qué pasa esto?

- Porque nuestro mundo va a una gran velocidad, todo es cada vez más rápido, lo queremos todo ya: la máxima velocidad de Internet, los mensajes a velocidad x1,5 o x2... Quiero todo y lo quiero ya.

- Porque tenemos una gran cantidad de distractores a nuestro alrededor, como pueden ser las notificaciones al móvil o conversaciones paralelas. Practicamos constantemente la multitarea (una llamada por teléfono mientras redacto un correo electrónico o consulto una página web). Dime si no estás viendo una serie o una película y, de pronto, sacas el móvil y consultas algo en él.

- Porque existe una baja tolerancia a la frustración. Nos frustramos muy fácilmente con las cosas que suceden, o incluso cuando no conseguimos que las cosas sucedan como y cuando nosotros queremos.

- Porque somos esclavos de la idea de la hiperproductividad. Parar y descansar está muy penalizado en la sociedad actual.

Además, mantener la atención implica escuchar, y no sabemos escuchar. Escuchamos para responder a la otra persona, no para entender. Y eso, como ya nos decía Marshall Rosenberg (creador de la «comunicación no violenta»), es lo que provoca tantos conflictos a nivel interpersonal.

Y me dirás: «A ver, perdona que te diga, Adelaida, pero yo sí sé escuchar. Cuando me cuentan algo, yo escucho, y muy bien».

Pues bien, ahora pregúntate lo siguiente:

- ¿Cuántas veces interrumpes cuando alguien te está contando algo?
- ¿En cuántas ocasiones, mientras te están hablando, estás pensando en qué responderle a esa persona?
- ¿Cuántas veces has juzgado lo que te estaban contando?
- ¿Cuántas veces has dado un consejo sin que te lo pidieran?
- ¿Cuántas veces has contado tu historia interrumpiendo la historia que te estaban contando?
- ¿Cuántas veces de repente has perdido el hilo de lo que te estaban contando porque, de pronto, te acordaste de algo que tenías que hacer?
- ¿En cuántas ocasiones has zanjado una discusión porque ya estabas cansada de argumentar o contraargumentar?

Seguro que más de una o dos veces, ¿no?

Pero, no te preocupes, no eres la única persona que lo hace. Lamentablemente, en un momento de nuestras vidas hemos perdido la habilidad de escuchar sin juzgar y sin intentar responder o tener razón, pero lo hemos hecho.

¿Cuál es la buena noticia?

Que puedes volver a aprender a escuchar.

¿Cómo?

- Aprende a parar.
- Deja tus pensamientos y tus juicios aparcados por unos momentos.
- Reconoce que no lo sabes todo.
- Cambia tu actitud y, en cada interacción, piensa: «¿Qué puedo aprender de esta conversación con esta persona en concreto?».
- Adopta la escucha *basket* y olvídate de la escucha tenis. Seguramente has oído hablar alguna vez de la escucha activa o quizás la escucha empática; yo te recomiendo que pongas en práctica la escucha *basket* y te olvides de la escucha tenis.

La escucha tenis es aquella en la que constantemente estás devolviendo tu opinión, con tu discurso, tu juicio y, sobre todo, sin querer entender lo que el otro te dice. En ese momento la red (tu opinión, tu juicio) te separa de tu interlocutor. Este siente poca conexión y demasiado juicio; por lo tanto, se siente mal y quiere alejarse, no está cómodo contigo. Aquí, estás causando un impacto negativo, estás dejando una herida en el alma de la persona que ha venido esperanzada a hablar contigo.

Por el contrario, cuando alguna persona, ya sea un compañero, alguien de tu equipo, un familiar o tus hijos, venga a contarte algo, imagina que esa información que te da es la pelota de baloncesto. En lugar de darle una volea, dejada o *smatch* y devolverle tu respuesta sin más, piensa en cómo la pelota entra en la canasta, que la acoges, la recibes y la mantienes en tu poder.

Un jugador o una jugadora de baloncesto, cuando el equipo contrario mete canasta, se queda con la pelota, saca de banda y tiene una posesión entera para hacer su jugada. Haz lo mismo tú: no te precipites, escucha sin juzgar, piensa si lo que vas a decir es adecuado que se lo digas en el momento, o incluso si tu estado emocional es o no el idóneo para dar una contestación serena y apropiada. Utiliza la empatía y conecta antes de decirle lo que crees que tienes que decirle, y quizás, tal vez, es mejor que calles y otro día lo solucionáis.

Cuando hayan terminado de hablar contigo, agradece de corazón que te hayan elegido para soltar y contarte; en realidad, es un privilegio y un honor que haya personas que hayan decidido voluntariamente contarte algo privado y particular.

Y sé lo que estás pensando: «Adelaida, me hablas de que escuche «sin juzgar» y no sé si te entiendo, ¿me lo explicas?».

Cuando hablo de escuchar «sin juzgar», me refiero a que no pienses en si lo que te está contando la otra persona está bien o está mal. No seas juez. La persona que ha venido a hablar contigo no necesita un juez, necesita a alguien que sea imparcial, que no tenga prejuicios sobre las cosas que va a escuchar.

Te pongo un ejemplo:

Quieres ser el colega o el amigo de tus hijos, y esperas que te lo cuenten todo y tener una relación muy guay con ellos. Un día, tu hijo te dice que ha hecho una fechoría o algo que tú sabes (como adulto) que no se debe hacer; por ejemplo, que un amigo ha bebido y después se ha puesto a conducir y lo ha traído a casa.

Tu primer instinto como adulto, probablemente, será reprochar ese comportamiento y decirle que «menudo personaje» es su amigo, que no se junte con él porque es un irresponsable y que él (tu hijo) también, por montarse en un coche con alguien bebido. Le increparás para que no lo vuelva a hacer, etc.

En ese momento dejas el rol de amigo/colega para convertirte en el adulto padre/madre que ya no está al mismo nivel, que deja de escuchar y se pone a sermonear.

Por eso, yo siempre te aconsejo que recuerdes lo siguiente: no eres el amigo o la amiga de tus hijos. Eres su padre, eres su madre. Tienes la responsabilidad de educarlos, y eso implica amar incondicionalmente, acompañar, conectar, y también corregir, marcar límites y enseñarles habilidades y destrezas para la vida.

No todo vale, ni en el amor ni en la maternidad. Eso tienes que tenerlo claro para marcar un límite en tu crianza.

«Cariño, te quiero incondicionalmente y, precisamente porque te quiero, necesito darte herramientas, habilidades, y corregirte; poner normas y límites; apoyarte; confiar en ti; retarte a ser mejor cada día y a que aprendas a quererte. Quiero que aprendas de tus errores y sigas intentando crecer a pesar de las caídas y el miedo; que te conviertas en una persona íntegra y honesta; que busques la felicidad y proporciones amor sano en tus relaciones; que sepas perdonar y también que perdones para no envenenarte con el rencor. Mi responsabilidad jamás será reírte todas las gracias, aceptar todos tus comportamientos; mi deber no es darte todo lo que quieres y hacerte feliz. La felicidad depende únicamente de ti».

b) Disponibilidad

La segunda cosa que debemos cultivar para tener conectividad emocional es la disponibilidad. Y me dirás: «Adelaida, esta sí que es fácil; estar disponible es estar ahí para las personas, ¿no?».

Bien, exactamente, lo que ocurre es que, en esta vida de tanto ajetreo, tanta prisa y tanta actividad frenética, te planteo las siguientes preguntas: ¿cómo estás para los demás? ¿Estás de verdad aquí, o solo en cuerpo y tus pensamientos van por otro lado?

Porque, si recuerdas lo que te he comentado un poco más arriba, hay que saber estar aquí y ahora. Así que la disponibilidad tiene mucho que ver con la presencia y también con el tiempo. Porque, a veces, tienes tiempo, pero no estás presente. Otras veces, quieres estar presente, pero no tienes tiempo.

Paradójicamente, cuanto más inviertes en parar, más tiempo te das cuenta de que tienes. Porque eres capaz de reflexionar desde la calma, desde un lugar de tranquilidad que te permite ver con perspectiva el cuadro completo.

Parar (o, si no puedes parar, permitirte ir algo más despacio) te hará más eficiente, y no solo en tu día a día profesional, sino también en tu vida personal.

El mayor enemigo de la crianza RCR son las prisas de esta vida moderna, el no permitirte dedicar tiempo a enseñar a tus hijos o enseñarte a ti misma.

Aquí te voy a regalar la siguiente herramienta: «CALMA», para lograr esa serenidad que necesitas para estar un poco más presente, para disponer de tiempo, para estar.

La herramienta «CALMA» es un acrónimo que te va a ayudar a recordarla más fácilmente:

- **C**oncéntrate en algo (un sonido, una sensación física, frío, calor, una imagen, una foto, un recuerdo, un mantra, una frase que resuene contigo).

- **A**léjate física y/o mentalmente (no entres al trapo, ni en bucle, y, si puedes, sal del espacio físico en el que estás para tomar distancia real).

- **L**entamente inspira. El estado de tu respiración representa el estado de tu (no) calma, por lo que trata de inspirar lentamente y soltar el aire muy poco a poco. Tómate el tiempo que necesites.

- **M**antén una sonrisa. Si sonríes, tu mente pensará que no estás en peligro, que la situación no es amenazante, por lo que empezará a relajarse también. Si puedes, mantén un bolígrafo o un lápiz entre tus labios, forzando esa sonrisa, porque el cerebro no sabe si es una sonrisa real o forzada, y el resultado será que comenzarás a sentirte más tranquila.

- **A**bre tu cuerpo. Deja de cruzar los brazos, muestra las palmas de tus manos, separa las piernas, busca una postura de poder (si puedes, de pie, con los brazos en alto; si no, con el pecho abierto y la cabeza inclinada ligeramente hacia arriba), deja la postura defensiva y pequeña; de este modo, tu actitud también estará enfocada en buscar soluciones.

Y siguiendo la analogía, ¿qué obtenemos una vez que hemos conseguido el cable adecuado para conectar nuestro portátil? Es decir, una vez que hemos cultivado la presencia y la disponibilidad, ¿qué generamos?

Generamos conexión. Y la conexión está íntimamente ligada a la obtención de confianza. Y la confianza es imprescindible para poder relacionarnos de forma sólida con los demás.

¿Estás viendo cómo estoy creando un mapa a través del que puedes caminar para lograr relacionarte con las personas de forma mucho más adaptativa y saludable?

Sin una capacidad para generar conexión, jamás podremos lograr que otra persona confíe en nosotros, y en crianza RCR, como en tantas otras relaciones, la confianza es la base.

Sin embargo, la confianza tiene un gran hándicap: se gana confiando y se da confiando. Es así de paradójico. No hay otra forma. La confianza no llega así de repente, no aparece un día y se instala en nuestras vidas sin más. Y además, es muy frágil.

Dependiendo de la desconfianza o la traición, puedes imaginarla de dos formas. O bien como un globo hinchado rodeado por millones de agujas: una vez que una aguja toca el globo y consigue explotarlo, la confianza se queda como ese globo roto en el suelo, con pocas posibilidades de volver a pegarse y unirse. O bien puede ser como una taza, una vasija que se cae al suelo, intentas recuperarla, la pegas y ves las marcas, las cicatrices, que están ahí, pero finalmente esa taza o vasija (la confianza) se restablece poco a poco.

Cuando conoces a una nueva persona, pero antes de abrir tu corazoncito, hay un periodo en el que vas con cautela, pues no sabes «de qué pie cojea», si puedes contarle algo y si va a respetar tu opinión o lo irá contando por ahí, o si se reirá ante tu vulnerabilidad. ¿Verdad? ¿Qué necesitas? Tiempo con esa persona.

Volvemos al principio. A la disponibilidad.

Por eso es de vital importancia que pasemos tiempo con los miembros de nuestra familia. No es tan fácil como tener a los hijos y que ya confíen plenamente. Cuando son pequeños, nuestros hijos confían plenamente, somos sus figuras de referencia y nos quieren incondicionalmente (aunque los «tratemos mal»). Durante el desarrollo del niño hasta la preadolescencia y adolescencia, el entorno familiar se va ajustando —normalmente, los niños a las figuras de referencia, y también (que sería lo ideal) los padres a los niños o adolescentes—, nos vamos conociendo y vamos anticipando las respuestas, porque nos conocemos. Y una vez que nos conocemos profundamente, ocurren dos cosas: una buena y una mala. ¿Cuál quieres que te diga primero?

Como soy yo la que estoy escribiendo, primero te contaré lo bueno de tener confianza.

Cuando pasas tiempo con las personas de tu familia, las conoces y aumenta la confianza; si todo va bien, sientes que puedes expresarte libremente y que no te van a juzgar. Te sientes bien, tranquilo, no consideras que hablar con tu familia sea un peligro. Y esto los niños (y adolescentes) lo agradecen, el sentirse seguros y a salvo en sus hogares. Esa estabilidad favorece su desarrollo emocional y su autoestima, porque, si no sienten esa libertad para poder expresarse, compensarán esta carencia mediante comportamientos adaptados a la emoción que sienten (ira, tristeza, vergüenza, etc.).

Recuerda que no es malo sentir ningún tipo de emoción, lo malo es comportarse de forma desadaptativa cuando quiero expresar esa emoción que siento, bien sea con gritos, golpes, autolesiones, humillaciones…

Y ahora, vamos a ver lo malo de tener confianza.

Ya nos lo dice el refranero español: «Donde hay confianza, da asco». Y es que lo que debería ser hogar y entorno seguro se convierte en basurero, en ese sitio donde volcamos todos nuestros enfados y frustraciones, esa incapacidad de gestión de nuestras emociones con el mundo exterior, y lo pagamos con los miembros de la familia: padres, pareja, hijos, hermanos…

Porque en efecto hay confianza, te sientes segura hablando en casa, puesto que sabes que te van a entender, no te van a juzgar, te van a respetar, y entonces te pasas de frenada. ¿Cómo? Te conviertes en una persona «sin límite», sueltas lo primero que se te pasa por la cabeza y te «vacías» sin medida ni control; porque una cosa es que te sientas capaz de expresarte sin miedo ni tapujos, y otra muy diferente es que los miembros de la familia se conviertan en bolsas de boxeo donde todo se permite, sin pensar si hacemos daño a la otra persona. Por lo que la tarea aquí es encontrar el equilibrio en la confianza. No todo vale cuando existe conexión y confianza, porque eso no es una relación saludable ni adaptativa.

Entonces, ¿cómo podemos solucionar este nuevo reto que nos encontramos en la vida?

Espero que a través de la lectura de este libro vayas sacando tus propias conclusiones, yo te iré dando pistas.

Ten en cuenta lo que sucede en un entorno familiar bien cohesionado; los miembros de la familia tienen determinadas características:

- Confían los unos en los otros.
- Participan en los conflictos sin ocultarlos y aprendiendo a gestionarlos.
- Se comprometen con decisiones, se hacen cargo de los planes de acción y se involucran con las dinámicas y rutinas familiares.
- Se hacen responsables del cumplimiento de esos planes o acuerdos.
- Aunque cada miembro tenga un objetivo primario e individualizado, al mismo tiempo todos los miembros de la unidad familiar se centran en el logro de los resultados colectivos, buscando la armonía familiar e intentando encontrar un consenso en la mayoría de las interacciones.

Una base para establecer una relación sana con los demás es crear relaciones de conexión y confianza, y eso empieza por uno mismo. Y para conectar con nosotros y con los demás, es imprescindible conocernos, saber cómo somos.

Te lo desarrollaré ampliamente en el capítulo 5, donde hablo del autoconocimiento.

3. Impermanencia

El tercer cimiento de la crianza RCR es la impermanencia, es decir, «todo cambia, nada permanece igual». Esta frase se la atribuyó al filósofo griego Heráclito, y con ella nos intentaba hacer entender que todas las cosas —y las personas— están en continuo movimiento y desarrollo. Todo en la vida consiste en un proceso de aprendizaje y evolución.

Y la educación de tus hijos también es un proceso, requiere aprender, entrenar practicar y ajustar, día tras día. Por tanto, con la crianza RCR te invito a que tomes conciencia de que la educación de nuestros hijos no es —no debería ser— cortoplacista, sino todo lo contrario: la crianza RCR es a medio y largo plazo, y es en parte por esto que no utiliza castigos, gritos, chantajes, premios o amenazas, porque, efectivamente, todas esas acciones son efectivas… a corto plazo.

Tu hijo, si lo amenazas, va a dejar de hacer algo que no quieres que haga *ahora*; si lo castigas con quitarle un privilegio o un juguete, va a dejar de comportarse de esa forma que a ti no te gusta *ahora*; cuando le gritas o le lanzas una mirada penetrante, va a callarse y no responderte *ahora*.

Pero las preguntas que yo te hago *ahora* son las siguientes:

- ¿Quieres que te hagan caso *ahora*?
- ¿Que te tengan miedo *ahora*?
- ¿Que tengan una larga lista de prohibiciones injustificadas?
- ¿Que solo cuando tú estés presente hagan lo que «supuestamente» tienen que hacer?
- ¿Que te obedezcan fielmente y no te repliquen en nada?
- ¿Que se sientan intimidados por ti?

- ¿Que su autoestima se resienta al no creerse merecedores de buenas palabras o argumentos?
- ¿Que, cuando alguien los amenace o les diga que son unos cobardes por no atreverse a fumar o a beber alcohol, se amilanen y lo hagan sin dudar?
- ¿Que, cuando alguien insista y manipule a tus hijos para tener relaciones sexuales, sin sentirse aún preparados, lo hagan por miedo al rechazo?
- ¿O quieres que, aunque tú no estés delante (incluso aunque nadie los esté mirando), sepan que hay determinadas cosas que no son éticas, íntegras, morales, o que no están del todo bien, y que no las van a hacer, no porque se lo hayas prohibido, sino porque les has enseñado, has dialogado o te has tomado tu tiempo en explicarles y responder sus dudas?

Si has chequeado las preguntas y has respondido con la mano en el corazón, estoy segura de que quieres a unos hijos con capacidad de decisión, libres, con voluntad propia, con una autoestima fuerte, con la facultad de marcar límites de forma asertiva, con valor para irse de sitios donde no se sientan bien tratados, con la virtud de quererse y respetarse tanto como para no mendigar el cariño, la atención o el amor de nadie.

De ahí, la importancia de este tipo de educación no cortoplacista, sino con vistas a un futuro, quizás no tan lejano.

Las prisas, en crianza, tampoco son buenas.

Ese es otro gran enemigo de la crianza RCR, el querer hacer las cosas con prontitud, sin respetar los ritmos, que todo sea «ya», «ahora mismo» y «rapidito». La educación de tus hijos necesita tiempo, como todo en la vida; es un proceso vital, no solo una forma de educar, sino una forma de estar en la vida. Si te das cuenta, todo lo que ya has leído hasta ahora es aplicable a la crianza de tus hijos y también a las relaciones que tienes con todas las personas que te rodean.

La crianza RCR no solo te hará mejor madre o padre, sino que te hará mejor persona, mejor compañero, mejor líder, mejor hija, mejor cuñada…; simplemente, mejor. Pero no solo para los demás, también para ti misma.

«Porque nunca jamás puedes dar lo que no tienes ni enseñar lo que no sabes».

Así que, si tienes esto en mente, piensa que la crianza de tus hijos requiere su tiempo, que tú también necesitas tiempo para adaptarte a las situaciones y que tus hijos tienen derecho a aprender desde la calma y con la mejor *influencer* del mundo, que, después de leer y estudiar este libro, serás tú.

Además, es tu obligación y tu derecho poder disfrutar de cada momento de la crianza de tus hijos, y la mejor forma de hacerlo es viendo cada situación que se plantea, cada reto, cada problema, cada desbordamiento emocional, cada discusión, cada enfado o cada silencio tenso como excelentes oportunidades de aprender cómo hacer las cosas.

Igual que tus hijos no han nacido sabiendo ser hijos que se han de convertir en adultos sanos, adaptativos y funcionales, a ti tampoco te han enseñado a ser una madre o a ser un padre sano, adaptativo y funcional. En el colegio, te han enseñado a sumar, a restar o a situar los ríos en los mapas; en la autoescuela, a respetar las normas de circulación y manejar un coche; en clases de pintura, a utilizar las diferentes técnicas; incluso en tu trabajo te han dicho cómo utilizar los programas informáticos, o dónde y cómo hacer los informes, etc.; pero jamás te han enseñado nada acerca de cómo desempeñar la labor más importante y que implica mayor responsabilidad, que es la de ejercer tu parentalidad de la forma más efectiva, afectiva y disfrutona posible.

Porque posiblemente has heredado tus patrones de cuidado y crianza de tus cuidadores, y, aunque hicieron lo que buenamente pudieron, es posible que no tuvieran tanta información como hoy en día de gestión emocional, autocuidado, autorrealización, etc., o quizás has tenido la suerte de contar con un apoyo incondicional en ese aspecto.

Aun así, tal y como andan los tiempos de revolucionados en este mundo completamente cambiante, estoy convencida de que este libro te va a ayudar en cosas que son muy básicas y, al mismo tiempo, fundamentales, y te aseguro que van a hacer tu maternidad mucho más fácil y disfrutable.

Pero eso sí: tienes que esforzarte tú también. Solo un poquito, y ya verás qué diferencia.

Además, quiero recordarte que, en este tercer pilar, el de la impermanencia, es posible que estés agotada, harta; que no puedas más; que te invadan las ganas de llorar, de gritar, de tumbarte en una cama —o en el suelo—; que no tengas ánimo de levantarte; que, agobiada, sientas la necesidad de taparte las orejas para no escuchar nada; que pases días sin ducharte; que estés malcomiendo. Puede que te sientas desilusionada al ver cómo te trata tu hijo, cómo se pelean constantemente entre ellos; disgustada al descubrir mentiras; frustrada por tener que repetir las cosas una y otra vez, etc. (Dependiendo de la fase en la que estés con tus hijos o hijas, experimentarás unas cosas u otras). Por eso, te regalo un mantra que me ha acompañado siempre y que me ha aliviado en los momentos en los que solo quería llorar y llorar:

«Esto también pasará».

Lee esta bonita leyenda que te regalo en este momento:

Una vez, un rey de un país no muy lejano reunió a los sabios de su corte y les dijo:

—He ordenado engarzar un bonito anillo con un diamante al mejor orfebre del país. Además, dentro del anillo quiero guardar un mensaje que me ayude en momentos duros y desesperados en los que me encuentre. Quiero que ese mensaje no solo me alivie a mí, sino a mis herederos. El mensaje debe ser breve, puesto que debe quedar oculto bajo el diamante.

Los que escucharon al rey eran sabios y eruditos, pero no eran capaces de pensar en unas pocas palabras para aliviar el sufrimiento y quedar oculto. Aun así, buscaron en libros y se esforzaron por encontrar el mensaje adecuado.

El rey, además, tenía un sirviente muy querido en el que confiaba y al que le hizo la misma petición.

El sirviente, tras pensarlo unos momentos, le contestó:

—No soy un sabio ni un erudito, pero conozco el mensaje que os aliviará en momentos de desolación.

Cuando el rey le preguntó cómo era posible que tuviera la respuesta, el sirviente le respondió:

—Durante mi larga vida a vuestro servicio, en una ocasión, un maestro visitó a vuestro padre. Al despedirlo, como gesto de agradecimiento, me dio ese mensaje.

El sirviente le escribió el mensaje en un papel y le pidió al rey que no lo leyera en ese instante, sino que lo guardara en el anillo hasta que se encontrara en una situación apurada.

Y así lo hizo el rey.

Ese momento delicado no tardó en llegar, puesto que el país fue invadido, y el reinado, amenazado. Cuando estaba huyendo, solo, hambriento, sin ropas, sin dinero y perseguido de cerca por sus enemigos, el rey de pronto se dio cuenta de que estaba al borde de un precipicio y que caer por él sería fatal. Escuchaba los gritos de sus perseguidores, estaba angustiado y tenía miedo. Se acordó entonces del anillo y sacó el papel del interior: el pequeño mensaje fue muy valioso en ese momento.

En el papel se leía «Esto también pasará».

En ese instante, se dio cuenta de una cosa, que a su alrededor solamente había silencio. Sus enemigos debían haber pasado de largo o haberse perdido en el bosque.

El rey se sintió aliviado y agradecido: esas palabras habían resultado milagrosas. Dobló el papel y lo guardó en el anillo.

Más tarde, reunió nuevamente a su ejército y reconquistó su reinado.

El día de la victoria hubo grandes festejos en la ciudad, el rey se sentía orgulloso de su hazaña. Entonces, el sirviente, que estaba a su lado, le dijo:

—Majestad, es momento de que leáis nuevamente el mensaje del anillo.

El monarca, extrañado, no entendía nada.

—¿Qué quieres decir? —preguntó el rey—. Ahora estoy viviendo una situación de euforia y alegría. Las personas celebran mi retorno, hemos vencido al enemigo.

El sirviente, con mucha calma, le contestó:

—El mensaje del anillo no es únicamente para situaciones desesperadas. También es válido para situaciones alegres y placenteras. Es aplicable cuando os sintáis derrotado y también cuando os sintáis victorioso. No es solo para cuando seáis el último, sino también para cuando seáis el primero.

El rey abrió el anillo y leyó de nuevo el mensaje: «Esto también pasará». Y otra vez sintió la misma paz, el mismo silencio, en medio de la muchedumbre que festejaba, cantaba y bailaba. Pero algo había desaparecido, su ego, y por fin entendió la sabiduría del mensaje: lo malo es tan transitorio como lo bueno.

El buen sirviente le explicó:

—No olvidéis que todo pasa y todo llega; nada en esta vida es permanente, ni un acontecimiento ni una emoción. Todo forma parte de un ciclo, como el día y la noche. En la vida existen momentos felices y momentos trágicos; aprended a aceptarlos como parte de la naturaleza y de la vida misma.

Y es que, en el momento en que aprendas y aceptes que no todo es tan malo ni todo es tan bonito, aprenderás a disfrutar realmente. No todo dura eternamente, y tenemos que aprovechar los momentos buenos y recargarnos las pilas de ellos para cuando los momentos de bajón lleguen a nuestra vida, sabiendo que también pasarán.

Pasarán las noches sin dormir, los cólicos, las rabietas, los malos gestos, los conflictos, las palabras de odio, los gritos, los llantos, las peleas entre hermanos, las discusiones, el desorden, etc. Todo eso pasará, y algún día será el último que tu niña vaya a tu cama a dormir; algún día será el último que tu hijo quiera «tetita»; algún día será el último que tu hija viva en tu casa, y lo mejor que puedes hacer, si no quieres mirar al pasado con rencor o pena, es aprovechar y disfrutar de cada uno de esos momentos tal y como lleguen a tu vida, sabiendo que también pasarán.

4. Propósito

Cuando te hablo del propósito de esta educación responsable, consciente y respetuosa, tengo siempre presente en mi mente una pregunta gracias a la cual, cuando me pierdo, fundamentalmente en mi rabia, soy capaz de volver a mi centro. Yo la llamo la pregunta «estrella polar». Aquí te la dejo:

«¿Para qué estoy invirtiendo tiempo y esfuerzo en este tipo de crianza?».

Y la respuesta que me sale siempre (y espero que, a partir de la lectura de este libro, también a ti) es para que mis hijas sean personas felices, con valores, honestas, fuertes, solidarias, éticas, generosas, positivas, con habilidades adecuadas para afrontar las dificultades con las que se vayan a encontrar, bien en el colegio, con amistades, en el trabajo, en sus relaciones, consigo mismas...

Y cuando voy a gritar porque estoy muy enfadada, pienso: «¿Este grito que voy a dar me acerca al propósito de esta crianza o, por el contrario, me aleja?».

Cuando tengo ganas de castigar a alguna de mis hijas, pienso: «¿Qué va a aprender mi hija de este castigo?, ¿a tenerme miedo?, ¿a que la próxima vez es mejor hacer las cosas a escondidas para que yo no me entere? ¿Este grito le está enseñando a mantenerse en calma?, ¿le está enseñando a mentir o a confiar en mí?».

Porque yo también tengo necesidad de gritar, de castigar, de mandar todo a paseo de vez en cuando. No sería humana (ni sincera) si dijera lo contrario. Lo que ocurre es que yo ya estoy en el camino en el que ya he aprendido (en realidad, sigo aprendiendo) a hacerlo. Y eso no implica que no se me «escape» algún grito, algún chantaje velado o no. Pero me doy cuenta, y en el momento en que soy consciente de ello rectifico y reparo: pido perdón.

Existen tres formas de perdonar que debes enseñar a tus hijos e hijas para que no se queden anclados en el pasado, sino que sigan, avancen y evolucionen.

1. Si la persona que te hizo daño te falló o quebró tu confianza, es alguien a quien quieres de verdad, quieres que siga en tu vida, o tal vez piensas que merece el esfuerzo luchar por vuestra relación, sea de amistad, pareja o familia, no tendrás más remedio que volver a confiar en ella, y para eso, si te pide perdón, tendrás que decirle: «Acojo tus palabras, quiero que sepas que me he sentido dañada por tu traición o tu mentira; creo que ha sido sin mala intención. Quiero seguir confiando en ti y que sigas en mi vida. Vamos a ver cómo podemos solucionar esta situación que ha surgido para que no vuelva a pasar». De esta manera, puedes pasar página y seguir con la relación. Las personas a veces nos equivocamos, y perdonar ayuda a avanzar.

2. Cuando las personas que te han hecho daño son aquellas con las que no tienes más remedio que convivir, ya sea porque es un compañero de trabajo, una persona con la que te relacionas a menudo y con la que te interesa mantener una relación cordial, la mejor forma de perdonar es asumiendo que tienes que ser diplomática, pero no deseas profundizar en la amistad. Por lo que, para perdonar, tendrás que tener en cuenta lo siguiente: «Quiero o necesito tener una relación más o menos cordial, nada más, por lo que perdono sus actos como un gesto que me libera a mí

del rencor y me permite seguir adelante. Ya sé qué esperar de esta persona: a veces, es confiable, y otras, no. Acepto esta situación porque no puedo cambiarla y me estoy buscando una estrategia para que no consiga dañarme de cara al futuro».

3. Por último, existen personas que definitivamente rompieron tu confianza, estás dolida y ves que no muestran remordimientos, o bien les da lo mismo cómo nos podamos sentir. En este caso, es mejor alejarnos de esas personas para proteger nuestra salud emocional y mental. Las perdonamos, no por ellas, sino por y para nosotras. Para poder soltar, para no quedarnos atrapadas en el rencor, en el dolor, en el sufrimiento que nos provocan sus actos o sus palabras. Perdonamos para dejar ir y para romper lazos, porque ya no queremos a esas personas en nuestra vida. En un momento quizás esa relación fue importante, pero ya no más, porque nosotras somos más importantes.

Reparar implica cambiar de comportamiento. Pides perdón y enmiendas: buscas la forma de no repetir aquello que hizo daño.

Del mismo modo, cuando te piden perdón, dependiendo de los tres puntos que te he comentado arriba, sabrás cómo proceder; pero, si siguen haciendo lo mismo una y otra vez, no te están pidiendo perdón de forma honesta (no existe un propósito de enmienda). Aléjate. Si no cambian de comportamiento, su perdón no es sincero.

«La mejor forma de pedir perdón es un
cambio de comportamiento».

Saber pedir perdón y perdonar es otra forma de enseñarles habilidades sociales para la vida. Porque, si al equivocarte (gritar, castigar, chantajear...) después no reparas, logras que tus hijos sean personas con miedo, inseguras, con ansiedad ante la incertidumbre, que quieren complacer, que se ponen en último lugar, que no saben pedir lo que quieren, que se dejan avasallar, que hacen todo lo que les dicen los demás sin cuestionarse si esto es lo correcto o ético, que son susceptibles al acoso e incluso a la violencia o maltrato. Porque, cuando quieres que te obedezcan sin permitirles objetar o argumentar, los conviertes en personas sin criterio, a merced de posibles personas narcisistas o controladoras, y no tendrán opinión propia ni serán capaces de luchar por las injusticias o por las cosas que consideran importantes.

¿De verdad quieres que tus hijos sean así? ¿Crees que de este modo serán felices? Yo no lo creo. Y por eso estoy a favor del diálogo, con respeto y desde el respeto, desde pequeños.

Los padres y madres no lo sabemos todo. No pretendamos tener siempre razón, porque nos estaremos alejando del objetivo que todos los padres y madres tienen en la vida, y es que sus hijos e hijas sean felices.

Pero, como ya estás leyendo en este libro, darles todo, evitarles frustraciones, no poner normas o límites, dejar que te griten o peguen, pegarles, castigarlos, humillarlos, premiarlos o tratarlos como si fueran colegas no ayuda a que sean felices. Al contrario: los deja indefensos ante el mundo, ante esta sociedad que necesita personas fuertes, empáticas, empoderadas, honestas, con determinación, humildes, bondadosas, etc.

Por tanto, un objetivo de la crianza CRC es dotar a tus hijos de habilidades sociales para vivir una vida lo más plena y consciente posible.

Habilidades sociales. ¿Son tan importantes?

Las habilidades sociales son todas las estrategias que podemos utilizar para estar presente en la vida, mediante las cuales nos relacionamos con nosotros mismos y con los demás de una forma satisfactoria y saludable.

Están íntimamente relacionadas con el concepto de «inteligencia emocional», es decir, el arte de conocer nuestras emociones, saber gestionarlas y utilizarlas a nuestro favor, al mismo tiempo que somos capaces de conocerlas y reconocerlas en los demás, así como entender las emociones que sienten.

En la vida diaria esto es un auténtico regalo, saber qué emociones tenemos, saber qué nos quieren decir, para qué sirven, e incluso utilizarlas a nuestro favor, pues nos abre las puertas a poder relacionarnos de forma más profunda y real con los demás (pareja, hijos, familiares, compañeros…).

En la maternidad este hecho es fundamental. En muchas ocasiones me encuentro con personas que me dicen que la maternidad fue el detonante que les hizo cuestionar su mundo entero a todos los niveles. Y es que, no voy a abrir el viejo debate de qué tendrían que estar aprendiendo nuestros peques en la escuela, que está muy bien saber sumar, multiplicar, y los ríos y capitales de los países, pero el conocer sus emociones y gestionarlas de forma efectiva es básico hoy en día, sobre todo cuando los medios de comunicación e investigaciones cada vez nos indican que el nivel de salud mental globalmente se está desplomando. Y a mí eso me preocupa mucho. Mucho.

¿Dónde podemos aprender todo esto que es tan importante para la vida diaria? Si cuando estabas en el colegio no te lo enseñaron; si cuando fuiste a la universidad no te lo enseñaron; si tus padres o cuidadores no te lo enseñaron; si ni la tele, ni la radio, ni las series te lo enseñan; si en el trabajo no te lo enseñan, ¿dónde lo vas a aprender?

¿En qué momento empezamos a estudiar y a formarnos en esto? ¿Es necesario tener una crisis existencial para trabajar en nosotras mismas? ¿Es fundamental que hayamos pasado por un hecho traumático para decidir cambiar, o podemos hacerlo de forma preventiva?

Desde luego, en mi caso fue por pura supervivencia.

Y esta es mi historia. Te cuento un poco más:

Mi caso fue el típico «de libro»: mujer con autoestima dañada que sufre un trauma y se hunde emocional, psicológica y físicamente. Sin herramientas necesarias para lidiar con el sufrimiento que siente, y decide, después de años de sufrir en silencio —sí, como las hemorroides—, acudir a un profesional, que le receta drogas para acallar las voces que tiene y que hacen que se sienta culpable, ansiosa, triste, sin ganas de vivir y sin deseos de sonreír. ¿Te suena?

Ahí es cuando me siento vulnerable, sola y vacía por primera vez. Yo, que soy fuerte (o creía serlo), que puedo con todo (o creía que podía), no sé qué hacer con mi vida. ¿Por dónde sigo?

Yo era feliz.

¿Lo era? ¿Era feliz en la ignorancia? ¿Era feliz porque, aparentemente, todo iba bien? ¿Era feliz porque no veía que las cosas no iban tan bien? ¿Dejé de ser feliz porque no supe afrontar cosas que no iban bien? ¿Qué pasó? ¿En qué momento dejé de ser fuerte y valiente, y me convertí en una sombra del cascabel que había sido? ¿Cuándo dejé de sonreír, de hablar, de disfrutar, de comer o de saber lo que realmente valía?

Y quizás es verdad que no tuve herramientas. Quizás no me las dieron, quizás fui muy sumisa, me dejé hacer, me cansé, me acobardé, me quise esconder. Tal vez pensé que no merecía la pena tanto dolor, tanto cansancio, tanto esfuerzo. Quizás pensé que yo era la que no valía, que los demás tenían razón, que en realidad todo lo que yo era simplemente era un fraude, una fachada, algo que se desvanece al mirar más profundamente.

Fuera como fuese, llegó un momento en mi vida en el que me rompí. No sé si en dos pedazos, en cien o en un millón de trozos; el caso es que no me reconocía, y alrededor lo único que sentía era que tenía que seguir adelante, que debía seguir esforzándome (más bien, forzándome), porque eso es lo que hacemos, no nos escuchamos, no nos permitimos parar, no permitimos sentir de verdad el dolor y continuamos hasta que no hay vuelta atrás, hasta que los ataques de pánico y ansiedad no te dejan dormir. Te cuestionas hasta el mínimo detalle, empiezas a realizar conductas autolesivas, primero siempre a nivel cognitivo: lo que piensas de ti, lo que piensas que eres y lo que no. Te hablas mal, te odias, te atacas...

Y como la mente no es suficiente castigo para ti, decides pasar a lo físico y comienzas a dañarte de una forma «más real», más visible. En mi caso, dejé de comer, dejé de darle alimento real a mi cuerpo, cada vez menos, y menos, y curiosamente más ejercicio hacía, porque no me merecía tener un poco de fuerza, y además era lo que yo podía controlar: nadie puede controlar mi ingesta, nadie puede decidir por mí si comía o vomitaba, si hacía ejercicio o dejaba de hacerlo. Porque yo soy la dueña de mi cuerpo y yo hago con él lo que quiero.

Y ahora, con lo que he aprendido, sé que toda esa conducta autodestructiva podría haberse evitado. Se podía haber prevenido si hubiera tenido herramientas, si hubiera tenido estrategias, si hubiera conocido mi valor, si me hubieran enseñado que yo valgo independientemente de lo que hago, de si me equivoco o no. Yo valgo simplemente por el hecho de existir.

Y si me hubiera tomado el tiempo de conocerme, de saber cómo soy, y me hubiera abrazado y aceptado completamente, jamás hubiera cedido mi poder. El poder de creer en mí, el poder de quererme, respetarme y protegerme.

No me quitaron ese poder. Yo lo regalé, porque no tuve lo que necesitaba para hablar por mí misma, para respetarme y valorarme lo suficiente. Por eso estoy escribiendo este libro, porque hay cosas que se pueden prevenir, hay pensamientos que se pueden cambiar, hay acciones que se pueden tomar antes de que suceda algo peor.

No quiero que ninguna niña, adolescente o mujer pase por lo que yo he pasado, porque, una vez que tienes el valor de mirarte a la cara, mirar hacia dentro de ti, de verdad, con coraje, con profundidad, con autocompasión, te conviertes en una persona poderosa, y no te voy a decir que jamás vas a sentirte mal, que nunca vas a dejar que te falten el respeto o que no vayas a aguantar alguna cosa que quizás deberías haber parado en seco a la primera señal. No. Quizás, con el tiempo, sí; quizás con la práctica, con los años.

Ahora, puedo decir que, a pesar de seguir trabajando en mi desarrollo personal, soy muy consciente de todo el camino que he logrado, de todos los baches que he superado y de las pesadillas que he tenido y que me han perseguido noche tras noche.

Sigo trabajando en mí. Sigo creciendo cada día y aprendiendo cosas nuevas sobre mí, sobre los demás y sobre el mundo. Me sigo sorprendiendo de los fallos que tengo y me siento honrada de poder descubrirlos y aceptarlos, trabajar sobre ellos si considero que tengo que trabajarlos.

Me estoy convirtiendo en la persona que quiero ser. Aún no lo soy, pero es que creo que, en el momento en que ya no tenga opción de mejora, será el momento en el que me iré de este mundo.

Y desde mis distintos roles (mujer, madre, hija, amiga o profesional) trabajo a diario para que mis hijas sientan que tienen su poder, que las madres tienen su poder, que las familias tienen su poder. Que es posible vivir una vida plena a pesar de las dificultades lo sé muy bien, y que se puede proteger la salud mental con ciertos hábitos, con cierta información, con cierta disciplina y cuidado.

Ahora que me he abierto un poco más a ti, sigue leyendo.

Con la lectura de este libro y la puesta en práctica de todos los ejercicios y *tips* que te digo, vas a ayudar a tus hijos a desarrollar las habilidades necesarias para que se desenvuelvan con pericia en esta vida que les ha tocado vivir.

Deja que hagan

¿Cómo hacemos para que los niños y niñas, ya sean pequeños, preadolescentes o adolescentes, crean en sí mismos y confíen en todas las potencialidades que tienen? ¿Acaso los dejamos hacer y experimentar para que puedan sentir que son capaces?

Creo que no. Como padres, los protegemos demasiado, sobre todo en la primera infancia, en aquellos momentos en los que ellos nos piden hacer las cosas solitos, y nosotros les cortamos la iniciativa porque no tenemos tiempo o vamos con prisa; porque pensamos que no lo van a hacer bien; porque nosotros, obviamente, lo haríamos mejor; porque, si rompen algo, lo vamos a tener que limpiar... Y así proyectamos nuestros miedos y volcamos nuestras vivencias y experiencias pasadas en ellos.

Queremos protegerlos, no queremos que sufran, que se hagan daño, o incluso buscamos proteger nuestra valía como padres: si llegan tarde al cole, nos van a mandar una notita, y ahí estamos siendo juzgados nosotros como padres, etc.

Lo cierto es que, como padres y madres, tenemos las mejores excusas para dejar que nuestros niños y niñas no hagan.

¿Y qué sucede después?

Después, cuando les pedimos que hagan las cosas, nos dicen que no quieren, ya sea porque realmente no quieren, porque se les pasó la motivación intrínseca para hacerlo, porque no les compensa la motivación extrínseca, porque sienten que no son capaces por todas esas veces que quisieron y no les dejamos, etc.

En el párrafo anterior acabo de mencionar dos tipos de motivación: la intrínseca y la extrínseca. Déjame que te las desarrolle para que tomes conciencia de la importancia de una sobre otra y saques tus propias conclusiones.

Motivación intrínseca y motivación extrínseca

La motivación intrínseca es todo aquello que me empuja a hacer algo, aunque nadie me esté viendo. Lo hago porque me gusta mucho, porque me siento tan bien haciéndolo que no necesito un impulso externo que me ayude a hacerlo, o incluso no hago algo porque sé que no debo hacerlo, no porque alguien me vaya a castigar por hacerlo. Sale de mí.

No te confundas: esta motivación no es espontánea o mágica. También se trabaja. Implica disciplina. Por parte de los padres o adultos de referencia supone inversión en tiempo: explicar las cosas, permitir fallar, escuchar, aceptar imperfecciones o alentar el proceso.

A veces, también supone pensar a medio y largo plazo: ¿qué quiero hacer? ¿Para qué valgo? ¿Qué me apasiona? ¿Cuál es mi talento? Y desde ahí, descubrir la verdadera razón para la que quiero hacer las cosas. Lo sé. No es fácil. Tranquilidad. Todo es un proceso, ¿recuerdas?

Por otra parte, la motivación extrínseca es todo aquello que hace que yo haga o deje de hacer algo. Aquí englobo los premios y los castigos, porque al final, cuando me dicen que tengo que hacer algo que no me apetece, que no me siento con el ánimo de hacer, ¿cómo hago para hacerlo? Necesito algo de afuera que me «ayude» a hacerlo, y los padres aquí somos muy buenos.

De este modo, puedes motivar con un premio: puedes decirles a tus hijos que, si aprueban todo, les regalarás la consola, les pagarás un viaje o les comprarás un móvil. O puedes motivarlos utilizando los castigos, es decir, quitándoles algún privilegio: si no aprueban todo, les quitarás el móvil, la consola, o se quedarán todo el verano en casa.

Dependiendo de la intensidad o dureza de nuestras afirmaciones, podríamos hablar de castigos, chantajes o amenazas.

- «Si ordenas tu cuarto, te dejo la consola».
- «Si haces los deberes, ves un rato la tele».
- «Si te portas bien en casa de los tíos, te compro un helado».
- «Si te comes todo, luego nos vamos al parque».

Todas las frases anteriores son «chantajes puros».
¿Y qué me dices de las siguientes?

- «Como no te has comido las espinacas, no habrá helado».

- «Has suspendido tres asignaturas, ni pienses que te compraré la bici».
- «No has hecho tus tareas, así que olvídate de jugar con la consola».
- «Tu cuarto está desordenado; esta noche no sales».

Las reconoces como castigos, ¿verdad?
¿Y qué opinas de estas?

- «Como no te comas todo, no tendrás helado».
- «Como no apruebes, despídete de que te compre la bici».
- «No vas a tener la PlayStation como suspendas».

Amenaza tras amenaza.
Constantemente utilizamos frases de este estilo:

- «Si no te acabas el filete, no hay postre».
- «Si no te callas, te vas a tu cuarto».
- «Si no apruebas, no hay moto».
- «Si no haces la cama, no vamos al parque».
- «Si no me ayudas, te apago la tele».
- «Si no te duermes ya, mañana no tienes *tablet*».

Es decir, somos unos auténticos «sinoistas» (de «si no...»).

Ten en cuenta que, con el premio o el castigo, lo que estás consiguiendo es que tus hijos vean la actividad o la conducta que les propones (aprender, portarse «bien», comer...) como un obstáculo a la obtención del premio.

Lo que quieren conseguir es la bici, el helado, la chuche (no quieren aprender, no quieren portarse bien, no quieren comerse todo), y con los castigos pasa lo mismo: no pones la atención en lo que quiere conseguir, sino en lo que quieres evitar.

Tienes que poner especial cuidado en este tipo de actitudes, puesto que tus hijos se vuelven víctimas de manipulaciones, de amores condicionados:

- «No soy lo suficientemente buena, a menos que me deje meter mano por este chico».
- «No valgo, a menos que me emborrache, porque es lo que me dicen mis amigas».
- «No sirvo, a menos que me deje humillar».
- Etc.

Es una actitud muy dañina que podemos corregir de formas muy simples:

- Directamente, dejando de utilizar los premios y castigos.
- Abriendo diálogo con nuestros hijos e hijas. Escuchándolos y dejando que hablen.
- Haciendo acuerdos de familia: «Aquí decidiremos en familia qué es aceptable, qué no lo es y las consecuencias de no cumplir lo pactado».

Un acuerdo de familia implica saber cómo nos vamos a poner de acuerdo cuando no estemos de acuerdo.

¿Cómo nos ponemos de acuerdo si no estamos de acuerdo?

En ocasiones hay que hacer cosas que no nos gustan, y nuestros hijos tienen que aceptarlo y asumirlo: cumplir unos horarios, ya sea de trabajo, de sueño, de ocio (cuando vamos al teatro no podemos entrar cuando la obra está empezada); seguir una etiqueta social (no vamos desnudos por la calle); cumplir las normas de tráfico y no cruzar en rojo; pagar el billete de autobús al entrar, etc. Y ante eso, ¿qué hacemos?

¿Cómo puedes ayudar a tus hijos a entender que hay cosas que tienen que hacerse?

1. Empatiza

Utiliza la empatía. Ponte en su lugar, valida que lo que siente es correcto. «Está bien; si no estás de humor para hacer esto ahora, ¿cuándo podrías hacerlo?».

2. Haz que cambien sus expresiones

Enseña a tus hijos a modificar frases como las siguientes: «Tengo que hacer esto», o «Debo hacer esto». Sustitúyelas por estas otras: «Quiero hacer esto», o directamente «Voy a hacer esto».

Realiza una cuenta atrás: «3, 2, 1. ¡Voy!», y ponte a hacerlo. Te lo explico con un ejemplo:

«Hay que» sacar la basura, o pasear al perro, o lavarse los dientes a diario. Cuando dices: «Tengo que sacar la basura», o «Debo bajar al perro», o «Tengo que lavarme los dientes», inconscientemente sientes rechazo, disgusto, animadversión. Es una tarea que, en cierto modo, está impuesta. Si directamente cambias la expresión y dices: «Quiero sacar la basura», o «Quiero sacar al perro», o «Quiero lavarme los dientes», emocionalmente tu predisposición a hacerlo es distinta.

Pero sé lo que me vas a decir: «A ver, Adelaida, tanto como que quiero sacar la basura es mucho decir, porque es que no quiero; la realidad es que tengo que hacerlo».

Vale. Te entiendo. Pues sáltate este paso y directamente di que lo vas a hacer: «Voy a bajar la basura: 3, 2, 1. ¡Voy!»; «Voy a sacar al perro: 3, 2, 1. ¡Voy!»; «Voy a lavarme los dientes: 3, 2, 1. ¡Voy!». Algo tan simple como esta última estrategia hace auténticas maravillas. No me creas, compruébalo por ti misma.

3. Negocia

La negociación es una herramienta que acompañará a tus hijos durante toda su vida, y, cuanto más la practican en un entorno seguro, más capacidad de respuesta adaptativa tendrán a las situaciones que deban afrontar.

Para ello, te pregunto: esto que «tienen» que hacer (traducción: que tú quieres que hagan), ¿puedes hacerlo con ellos? ¿Es una tarea o responsabilidad absolutamente suya? Pregúntales: «Si ahora no lo puedes hacer, ¿cuándo podrías hacerlo?». Dales opciones, pregúntales si prefieren hacerlo por la tarde, mañana por la mañana o mañana por la tarde.

A tener en cuenta:

- Hay cosas que no son negociables (idealmente se habla en las reuniones familiares —está todo explicado en el capítulo 6—), pero puedes pensar en cosas como gritar, no hablar con respeto, empujar, romper cosas, etc. (depende de la edad de tus hijos).

- Negociar es negociar, no es chantajear. Cuidado con esto, que existe una delgada línea que separa ambos conceptos. Para ello hay que establecer determinadas reglas:

  - Se negocia por voluntad propia, nadie viene coaccionado a negociar. Todos decidimos que queremos hablar y resolver el asunto.

  - La negociación tiene memoria; es decir, en un proceso de negociación, se da y se recibe. Lo ideal es buscar una situación: «Yo gano; tú ganas» (*win-win*). Y como a veces eso no es posible en ese momento determinado, se toma en cuenta este hecho para la próxima negociación.

  - Buscamos llegar a un acuerdo y nos comprometemos con él.

- No siempre es posible la negociación:

  - Cuando alguien parte con ventaja, es decir, sabes que una parte no tiene opción de ganar (por ejemplo, si tu hijo tiene doce años, es imposible que quiera negociar que quiere beber vino en las cenas).

  - Cuando el estado emocional para negociar no es el adecuado. Si estás tenso o enfadado, es mejor dejar la negociación para otro momento. Igual para ellos.

  - Cuando lo que se busca conseguir no es ético o moral. Tu hijo no quiere ir mañana a clase porque quiere aprovechar ese día y estudiar un examen en casa (curiosamente sabes que ese examen no lo preparó porque el día anterior estuvo jugando al fútbol, o bailando, o viendo la tele, y a cambio te pide que escribas al tutor diciéndole que está enfermo).

- Cuando se sabe que no hay voluntad por una o por ambas partes de negociar. O tú no estás abierto al diálogo, o tus hijos no quieren ni escucharte, etc.

- Cuando no disponéis de tiempo para negociar. Las prisas, como ya te dije anteriormente, no son buenas para nada, ni para la crianza, ni para la negociación, ni para la vida en general.

- Cuando no hay confianza o confiabilidad, es decir, si no te fías de que tus hijos vayan a cumplir lo acordado, o incluso cuando tú no eres confiable: tus hijos no pueden fiarse de ti porque no cumples lo que dices.

Supervivencia

Tu cerebro, el cerebro de tu hijo o hija están programados para conservar energía y sobrevivir, por lo que siempre harán lo que les parezca más fácil, no lo que sea conveniente o lo que toca hacer. Trabajar la autodisciplina en este punto será clave.

En el siguiente capítulo te explico cómo aprovecharte de tu cerebro en la maternidad.

CAPÍTULO 2
¡Aprovéchate de tu cerebro!

Es cierto. El cerebro es ese gran desconocido y, al mismo tiempo, es nuestro gran aliado. Saber cómo funcionan las cosas nos ayuda a entenderlas, así que te voy a explicar, de forma muy básica, cómo funciona tu cerebro y el de tus hijos para que sepas qué pasa por «ahí arriba» en las etapas clave de nuestro desarrollo.

Te dejo a continuación cinco apartados fundamentales que tienes que conocer sobre el cerebro para que este trabaje a tu favor y, sobre todo, en favor de la crianza positiva de tus hijos.

1. EL CEREBRO EN TU PUÑO

Quiero que abras tu mano, la levantes, dobles el pulgar hacia la palma (como si quisiera llegar a la base del meñique) y, por último, cierres tu puño tapando el pulgar y la palma.

Ahora, imagina que ese puño que tienes ante ti representa a tu cerebro. Imagina, además, que dividimos el cerebro/puño en tres partes (no es que el cerebro tenga solamente tres partes; si quieres ampliar y tener la información científica, la puedes encontrar en los estudios de Paul MacLean en el *Cerebro triuno*, y también en *El cerebro en la mano*, de Daniel Siegel).

No quiero ser simplista, pero, para contarte lo que necesitas saber en lo referente a crianza y educación, lo que vas a leer a continuación es más que suficiente.

1. La primera parte en la que divides tu puño (cerebro) es la parte de la muñeca conectada con el puño. Se corresponde anatómicamente con el tallo cerebral, que es la parte encargada de controlar las funciones vitales básicas (las que hacen que estemos vivos): que el corazón lata, que los pulmones realicen movimientos respiratorios, que se regule la temperatura corporal, etc. Esta parte del cerebro se denomina «cerebro reptiliano», el más primitivo, el que nos permite sobrevivir, no piensa, reacciona a los estímulos.

2. La segunda parte de tu cerebro la descubres si abres el puño por completo. Ahí estás viendo la palma de tu mano, es lo que se denomina «cerebro límbico, mamífero o emocional». Ahí, tal y como su nombre indica, se «alojan» las emociones, y también la memoria, las conexiones con los demás. Aquí se encuentran dos cosas muy importantes:

    –   Las neuronas espejo, que son las que se encargan de reproducir comportamientos que vemos en otros (esas que hacen que, por ejemplo, bosteces si ves a otra persona bostezar, y también las que, si una persona nos grita o pone mala cara, hacen que nuestra actitud sea similar).

    –   Las amígdalas cerebrales, involucradas en las emociones y su procesamiento. Entre otras cosas, detectan las cosas que te dan placer y dolor (buscando las primeras y tratando de evitar las segundas).

3. Por último, si cierras el puño con tus dedos por encima del pulgar, puedes imaginar el cerebro racional, o el córtex, que es la capa más externa de todo el cerebro, la que tapa el puño, la que tapa las estructuras más internas del cerebro de las que te hablé en los puntos 1 y 2.

Delante, donde ves las uñas, se encuentra el neocórtex prefrontal (donde tienes la frente). Aquí están las funciones más complejas, las que se denominan «ejecutivas», como son la capacidad de toma de decisiones, realización de tareas, resolución de conflictos, inhibición de la conducta —saber que tengo que estar sentado y no ponerme a correr si me acabo de romper un tobillo—, capacidad de anticipación —siento emociones cuando se acerca el fin de semana o el lunes— o planificación, etc.

Vale. Ya tienes las partes del cerebro localizadas y, más o menos, sabes lo que hacen.

Tu día a día no te beneficia

Cuando has dormido, estás descansada, has comido, no tienes dolor ni sed, es decir, cuando tus necesidades básicas están cubiertas, tu cerebro (tu puño) está completamente cerrado: está integrado. Desde este lugar eres capaz de responder a lo que sucede desde la tranquilidad, la serenidad, la calma, la paciencia, etc.

Nota: A veces, no son solo nuestras necesidades básicas las que no se ven satisfechas, sino también las necesidades de reconocimiento, atención, seguridad, amor, libertad, autorrealización, etc. Todo ello influye en que nuestro cerebro comience a sentir que ya no está en un modo de bienestar, sino que debe reaccionar a las circunstancias. En el capítulo 4 de «Necesidades vitales» te doy información detallada sobre esto.

A lo largo del día (o de la noche, si eres una mamá primeriza) se dan circunstancias que minan tu bienestar o no ayudan a la satisfacción de las necesidades de las que te he hablado antes; por ejemplo, suena el despertador, se te cae el café, tu hija dice que no tiene ropa que ponerse, tu hijo se queda llorando en el cole, llegas tarde a la presentación con el cliente, malcomes en diez minutos, escuchas las noticias mientras estás en el atasco de vuelta, etc.

En cada uno de esos acontecimientos (llámalos «estímulos») empiezas a tener determinadas emociones que no suelen ser muy placenteras. Tu cerebro pasa de estar totalmente integrado (el puño cerrado) a dejar de estarlo: el puño empieza a abrirse porque los dedos empiezan a despegarse. Es decir, tu cerebro comienza a sentirse amenazado y ya no responde desde la serenidad, sino que reacciona a lo que sucede a su alrededor.

Ante estos estímulos que recibes a lo largo del día, la sensación que tiene tu cerebro es que está en peligro, y las tres «posibles respuestas» que encuentra son las siguientes:

1. El ataque (estallas y gritas, mandas a paseo a todo lo que se menea, echas la culpa a otro, etc.).

2. La huida (te escondes a llorar en el baño, te das un atracón de chocolate, cedes sistemáticamente en los enfrentamientos).

3. La parálisis (te quedas escuchando cómo tu hijo o tu hija llora sin saber qué hacer, te quedas callada, te sientes avergonzada).

En realidad, no son respuestas, sino reacciones del cerebro más primitivo. No estás pensando, directamente estás actuando.

Yo aquí te propongo otra estrategia que seguramente te va a beneficiar más, en la que entra en juego el cerebro emocional: pedir ayuda. Para ello debes sentirte segura en el entorno en el que estás, saber que mostrarte vulnerable no te hará peor persona o más débil, y para esto hay que hacer un trabajo previo. Con la ayuda de este libro, vas a conseguirlo.

Acabas de leer la parte en la que tú (adulta) sientes ese «estrés desadaptativo». Ahora piensa en tus hijos cuando se relacionan contigo. Dime: ¿te atacan?, ¿te rehúyen?, ¿se paralizan? Piensa: ¿desde dónde crees que están actuando?

Probablemente tus hijos se estén relacionando contigo desde un «estrés desadaptativo» que, si tú con tu edad no sabes manejar todavía, ellos tampoco son capaces de gestionar.

Modo respuesta vs. modo reacción

El tiempo que hay entre que percibimos un estímulo y reaccionamos a él es el que nos define como personas capaces de afrontar desde la calma lo que sucede.

Este periodo de tiempo no tiene que ser muy corto, sino el justo y necesario para que, en lugar de reaccionar como un muelle, puedas responder con habilidad a lo que sucede a tu alrededor, ya sea un desbordamiento emocional (las mal llamadas «rabietas»), ya sea una mala contestación de tu persona adolescente o una crítica poco constructiva hacia ti.

Cuando reaccionas a un estímulo, normalmente suele ser porque es una respuesta automática y adaptativa que tu cuerpo o tu mente hace a algo que percibes; por ejemplo, cuando tocas algún recipiente que está caliente, reaccionas retirando la mano de forma inmediata, sin pensar.

Lo mismo sucede si vas caminando o conduciendo un vehículo y ves que un coche se te aproxima a gran velocidad; te retiras o frenas, para evitar la colisión.

Es decir, en un primer impulso, reaccionar al estímulo protege tu bienestar, ya sea físico, mental o emocional.

¿Qué sucede cuando estás reaccionando constantemente a tooooodos los estímulos que tienes a tu alrededor?

Además de tener una sobrecarga de cortisol (hormona del estrés) bestial, no estarías relacionándote con el entorno de la forma más saludable; es decir, si estuvieras reaccionando constantemente, además de caer enferma (mental y físicamente), tu posición ante el mundo sería de amenaza constante, por lo que te paralizarías, huirías o lucharías todo el tiempo, todos los días. ¡Uf! Agotador, ¿no?

Cortisol y fiebre

«Vale, Adelaida, acabas de mencionar el cortisol. ¿Es verdad que es tan malo?».

Sin ser muy densa en el tema, te diré que el cortisol es un neurotransmisor que segrega el cerebro y les dice a las glándulas suprarrenales que se activen porque está percibiendo algo que puede ser un peligro. Yo a este proceso lo llamo «¡cortisolazo!».

Estos son algunos ejemplos de la vida diaria:

- Tienes que hacer una presentación frente a cien personas.
- Te llama tu jefe pidiéndote explicaciones por un informe.
- No encuentras las llaves del coche.
- Le explicas a tu hijo de tres años por quinta vez que no puede cruzar la carretera corriendo y sin mirar.
- Le dices a tu preadolescente por decimosegunda vez que no le vas a comprar el móvil aunque todos sus compis de clase lo tengan.

Lo anterior, y más, genera una reacción (casi automática) de tu organismo que te prepara para huir, luchar, o incluso te paraliza, como ya te he explicado.

Siguiendo con los ejemplos: si estás en el escenario delante de cien espectadores, quieres irte corriendo, no te atreves a salir a escena, se te olvida cómo ibas a empezar, etc.

Me voy a detener en el caso de tu hijo/a que sale corriendo cuesta abajo y ves que se acerca peligrosamente a una carretera, y bien empiezas a correr y gritar desesperada que se pare, o bien te quedas paralizada sin saber muy bien qué hacer.

O incluso, desde la perspectiva de tu hijo, cuando va a cruzar alegremente la calle sin mirar, porque no ve ningún peligro en ello, y le gritas que pare, él interpreta tu grito como una amenaza, y o bien se queda paralizado y llora desesperadamente del susto, o bien se enfada mucho contigo y quiere soltarse de tu mano porque no lo entiende. ¿Te ha pasado?

Todo este mecanismo que te acabo de contar surge de lo que interpreta el cerebro de lo que está pasando y libera adrenalina y cortisol en sangre.

El cortisol de por sí ni es malo ni es bueno, porque es el que precisamente nos mantiene alerta; ese que hace que ante cien personas estés preparado, presente, repasando lo que vas a decir, o el que, cuando ves que tu hijo sale corriendo, hace que preveas que hay una carretera y que es muy posible (porque ya conoces a tu hijo) que no se pare, y entonces echas a correr y vas levantando la voz para avisarle, o incluso lo tomas de la mano antes de que se ponga a correr.

Yo asimilo el cortisol a la fiebre: los papás y las mamás recientes le tienen mucho miedo a la fiebre, y un mantra que te debes repetir es «La fiebre es mi amiga, la fiebre es mi amiga».

¿Por qué ese mantra?

La fiebre te alerta de que hay algo de lo que tienes que estar pendiente. El organismo de tu hijo o hija está luchando contra una infección, y el calor es producto de la lucha del organismo con los virus o bacterias.

Si la fiebre (que, hasta el día de hoy, es tener una temperatura mayor de 38 °C) comienza a despuntar, es posible que tengas que aplicar un antitérmico, pero no para curar la infección, sino para aliviar los síntomas de esa pelea entre los bichos buenos (defensas) y bichos malos (los «viruses»).

Con el cortisol, igual: ponerte un poco nervioso es natural, ya lo dicen todos los artistas renombrados, que, en el momento en que no sienten ese nerviosismo o tirón en el estómago antes de salir al escenario, es que ya les ha dejado de importar salir ante el público.

Así que el cortisol, en una cantidad y tiempo determinados, está bien. Te permite mantenerte alerta y preparado para la acción. Es lo que se denomina «eustrés».

Hasta aquí, genial.

Peeeeero la mala noticia es que sí, hay un gran «pero» en esto del cortisol y los estímulos que recibimos. ¿Sabes cuál es?

Solemos pensar que todo lo que pasa en nuestro día a día es una amenaza. Te explico:

El cortisol es cíclico, sube y baja. Baja por las noches (nos lo dicen los estudios científicos), pero, si dormimos mal, ya no baja tanto. Llega la noche, y te acuestas y duermes (eso, si duermes; si, entre el llanto, el cólico, el biberón, los mocos, has llegado a las tres horas del tirón, ¡enhorabuena!). Y entonces...

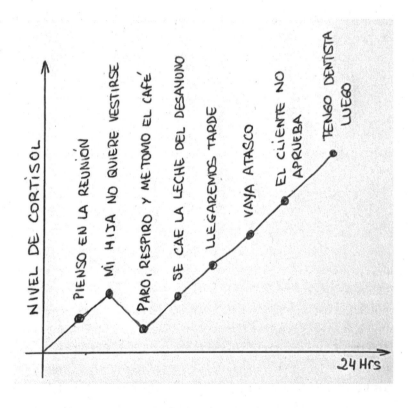

- Suena el despertador: ¡uf!, amenaza. ¡Cortisolazo!
- Piensas en la reunión que tienes hoy: ¡uf!, amenaza. ¡Cortisolazo!

- Tu hija no ha preparado la ropa ni la mochila: ¡uf!, amenaza. ¡Cortisolazo!
- Tu hija no se come el desayuno: ¡uf!, amenaza. ¡Cortisolazo!
- Tu hijo quiere abrocharse los zapatos solo y llegáis tarde, muy tarde: ¡uf!, amenaza. ¡Cortisolazo!
- Se pone a llover: ¡uf!, amenaza. ¡Cortisolazo!
- Llegas tarde, has perdido el autobús y hay atasco: ¡uf!, amenaza. ¡Cortisolazo!

Mira cuántos «¡cortisolazos!» llevas, con una intensidad más bien elevada, y suerte si has podido tomarte una infusión o un café tranquilamente para compensar toda esa cantidad de tóxico que llevas en el cuerpo.

Ah, y aún son las diez de la mañana.

Cuando llegas a casa y vuelves a estar con tu familia, tienes tal cantidad de cortisol en el cuerpo que, a la mínima que te digan, saltas. Y además, saltas con tu familia porque es con las personas con las que más confianza tienes. Curioso, ¿verdad?

Has estado haciendo una presentación al cliente que no le ha gustado y has tenido que volver a empezar, pero no le has dicho lo que realmente pensabas.

Tu compañero de trabajo se ha escaqueado de hacer su parte del informe y has sentido que no has podido entregar la presentación como tú querías, pero quizás no se lo has llegado a decir porque da lo mismo, parece como que ni te escucha.

Llegas a casa, y tu pareja o tus hijos te dicen cualquier cosa que de pronto sientes que no encaja con lo que querías escuchar (necesitabas calma y tranquilidad, y solo escuchas gritos entre los hermanos o la música a todo volumen) o ver (necesitabas ver la habitación recogida y la mesa preparada, y solo ves ropa en medio del cuarto, el baño con las toallas por el suelo y las mochilas en medio del salón con los libros desparramados).

¡¡¡AHHHHHHHHJJJJJJJJHJHJJJ!!!

Si eres una persona normal, gritas. Si eres una persona con un poco de conciencia emocional, paras, respiras y buscas recobrar la calma (y esto implica dejar de ver como una amenaza todo lo que te está rodeando y buscar la forma de disminuir tu nivel de cortisol en sangre).

Pero, claro, decir todo eso es un poco largo, con lo que simplemente nos decimos: «Cálmate, respiraaaa, tranquilízateeee, no pasa nada». O, si no, desde fuera ya se encargan de decirnos: «¡Tranquilízate, mamá!», «¡No es para tanto, hombre!».

Y por si aún no lo sabías...

> *«Del cien por ciento de las veces en las que alguien te dice que te tranquilices o te calmes, te ha ayudado exactamente en cero ocasiones».*

Y si a ti no te ayuda, no se lo digas tampoco a tus hijos cuando de repente se sientan frustrados, enfadados, o si se ponen a llorar desconsoladamente.

El cortisol no baja porque alguien te diga «Cálmate» o «Relájate». Al contrario, ese es otro de los disparadores del cortisol.

Por la noche, como te decía, los niveles de cortisol suelen bajar, aunque no siempre, y por eso tenemos despertares nocturnos, insomnio, a la mañana siguiente sentimos que no hemos tenido un sueño reparador, tenemos pesadillas, etc.

Esto implica que tu organismo está sometido a altos niveles de estrés de forma constante (que ahora ya sabes que significa que tienes altos niveles de cortisol en sangre). Ya no tienes estrés adaptativo («eustrés»), sino que es desadaptativo («distrés»).

Tener niveles de cortisol altos en el organismo de forma continuada es altamente inflamatorio para tu organismo y perjudicial para tu salud global.

A grandes rasgos, te diré que afecta al sistema inmunológico (las defensas bajan y estamos más expuestos a virus, bacterias o enfermedades autoinmunes), al sistema gastrointestinal (se producen malas digestiones, irritaciones de las mucosas intestinales, gases, úlceras, síndrome de colon irritable, colitis...), al sistema cardiovascular (el cortisol aumenta la presión arterial, así que es más probable sufrir infartos o problemas cardio/cerebrovasculares), al sistema metabólico (es posible que engordemos porque se retengan más grasas y líquidos, con antojos de alimentos altos en azúcares, con lo que podemos llegar a hablar de diabetes tipo 2, o incluso adelgacemos en demasía porque existe un desequilibrio de la tiroides) y al sistema reproductor (puede causar disfunción eréctil, interrupción del ciclo ovulatorio y menstrual, incluso infertilidad).

A nivel cerebral, tenemos problemas para conciliar el sueño, dormir profundamente, con despertares nocturnos frecuentes, y todo esto puede llevar a deterioros cognitivos serios, como demencia, alzhéimer precoz, falta de memoria, concentración o atención. En la piel se produce un envejecimiento prematuro de las células, con piel opaca, sin vida, sequedad, psoriasis, acné, eczemas, etc. Y a nivel general, niveles altos y continuados de cortisol pueden conducir a depresión, síndrome de fatiga crónica y otros trastornos o afecciones.

El cortisol se mide a través de analíticas de sangre, de la orina o incluso por la saliva. Si notas que puedes estar en situaciones altas y continuadas de estrés, te invito a que hagas una prueba para saber si tienes el cortisol alto y que le pongas remedio.

En una de mis primeras etapas laborales sufrí acoso laboral. Y no tenía las herramientas para luchar contra ese acoso laboral. Sentía continuamente que todo era una amenaza. Cuando sonaba el despertador, no quería levantarme porque tenía (literalmente) miedo de ir a trabajar. Cuando veía a mi mánager, se me activaba el mecanismo de huida porque no quería ni que me mirara, solo quería desaparecer y pasar inadvertida; llegaba un comunicado suyo y me ponía a temblar; me lo encontraba en el pasillo y quería cambiar de dirección, me quedaba paralizada o me daba la vuelta. Cuando llegaba a casa, recordaba todo lo que me había sucedido y volvía a sentir nuevamente todas las emociones desagradables que había sentido durante el día, y por las noches no dormía, no descansaba, estaba en un estado permanente de alerta.

Comencé a sentir dolores físicos que no se corresponden a personas de mi edad, me sentía débil, sufría infecciones; vamos, mi sistema inmunológico estaba por los suelos.

El problema es que, cuando descubrí que mi nivel de cortisol en sangre era alto, no hice nada para remediarlo, y lo que pasó a continuación fue peor, porque caí en una grave depresión y en un posterior trastorno de conducta alimentaria durante casi diez años.

Ahora, con lo que he estudiado, con lo que he experimentado *a posteriori* gracias a todo el desarrollo personal que he hecho, sé que ese episodio dramático de mi vida se podría haber evitado.

Rebajar los niveles de cortisol

Ahora que más o menos sabes cómo funciona el mecanismo del cortisol, ¿cómo puedes rebajar los niveles de cortisol para dejar de estar en modo amenaza y poder responder de forma mucho más adaptativa a las situaciones con las que te encuentras en el día a día? Y no pierdas de vista el por qué te estoy contando esto. ¿Te acuerdas? Crianza responsable, consciente y respetuosa.

Si estás en modo amenaza constante, no puedes relacionarte de forma positiva, consciente, y ser un buen ejemplo para tus hijos e hijas. Si te pasas las tardes o los fines de semana gritando, tus hijos van a aprender que una forma de relacionarse contigo es gritando, y entonces tú les dirás: «¡¡No me gritesss!!». Y no entenderán nada, porque es totalmente incoherente: les pides que no te griten y se lo pides gritando.

> «Lo que haces habla tan alto de ti que no me deja escuchar realmente lo que dices».

Venga, al lío: ¿qué puedes hacer para reducir los niveles de cortisol en tu organismo?

Lo principal es crear un estilo de vida que contrarreste los efectos de ese cortisol nocivo que se te queda pegado como una ventosa. No es hacer cosas puntuales, sino que tienes que pensar qué puedes hacer para generar una forma de vida que te permita de forma sostenible hacer dos cosas:

1. Darte cuenta de que comienzas a estar en modo amenaza.
2. Realizar cosas que permitan recuperar tu centro, tu estabilidad, y desde ahí responder con y desde la calma y la serenidad.

Para lo primero (darte cuenta de que comienzas a estar en modo amenaza), te propongo un ejercicio que he llamado «Toma de conciencia». A continuación, te explico cómo funciona.

Toma de conciencia

Consiste en cuatro pasos, cuatro preguntas que debes plantearte. Al principio, el proceso será más difícil, pero, como todo en la vida, con un poco de práctica vas a integrarlo y hacerlo de forma naturalizada:

- PASO 1: Para y describe qué sientes en todo tu cuerpo. ¿Calor?, ¿frío?, ¿pesadez?, ¿ligereza?, ¿dolor?, ¿opresión?…

- PASO 2: ¿Dónde lo sientes? ¿En la cabeza?, ¿en el pecho?, ¿en las manos?, ¿en las piernas?…

- PASO 3: ¿Cómo es lo que sientes? ¿Es como fuego?, ¿calor? ¿Es constante? ¿Son zumbidos? ¿Parece que te va a estallar la cabeza? ¿Son pinchazos? ¿Es como un mareo?…

- PASO 4: ¿Con qué intensidad lo sientes? Gradúa de 0 a 10. Ten en cuenta que, si lo sientes entre 0 y 5, aún estás en modo «Respuesta»; pero, si la puntuación sube de 6, ¡ojo!, porque ya estás en modo «Reacción».

Con estos pasos ya has escuchado a tu cuerpo y lo has «racionalizado» a través de la corteza prefrontal (esa parte más evolucionada de tu cerebro que te permite parar, decidir con habilidad, postergar las gratificaciones, pensar con claridad o planificar).

Simplemente por haber hecho este ejercicio ya va a reducir tu nivel de cortisol en sangre, porque has sabido parar y poner distancia frente al estímulo.

Y ahora viene la segunda parte: ¿que vas a hacer para recuperar tu centro?

Para realizar actividades que te ayuden a recuperar tu centro, no quiero ser demasiado atrevida y decirte lo que tienes que hacer, porque no te conozco. No sé si te ayuda salir a correr, o si te ayuda más leer o poner música a tope. No sé si te gusta estar sola, o si prefieres rodearte de personas y hablar. Es una de las cosas que me falló cuando estuve en terapia por mi depresión, ansiedad y trastorno de conducta alimentaria.

En las sesiones de terapia me decían que me tenía que relajar y me proponían ejercicios de relajación o de *mindfulness*, y quizás no estaba preparada para estar a solas con mis pensamientos o emociones, ya que, cuando empezaba los ejercicios, me sentía con más ansiedad, me ponía aún más nerviosa. Al escuchar la voz de la psicóloga, no lograba esa calma y, además, me sentía inadecuada: «Como no estoy logrando calmarme, es que lo estoy haciendo mal. No valgo, estoy rota, no sé hacerlo, no puedo». Sentía incluso más presión, y eso retroalimentaba mi ansiedad, mi inseguridad y mis recaídas.

Con el tiempo, he aprendido y he conocido qué son las cosas que a mí me calman. Me calma estar ocupada con meditaciones creativas o en movimiento. Ahora sé que no puedo estar sentada o quieta durante mucho tiempo; a mí me tranquiliza aprender coreografías y bailarlas. Me calma el sonido de la lluvia, pero no el de las olas del mar.

Por eso, en las sesiones de *coaching* con clientes, o incluso en este libro, no te voy a decir lo que tienes que hacer para relajarte, para encontrar tu centro, para tener calma y serenidad.

Lo que sí voy a hacer es pedirte que destines un tiempo a conocerte, y para eso te he dedicado el capítulo 5, que es muy íntimo. Cada persona que lea ese capítulo en concreto tendrá su propio viaje, y eso es precisamente lo que más te va a ayudar.

De forma general, es cierto que también te voy a dejar unas pautas a modo orientativo para que puedas saber cómo o por dónde empezar. Son unas cuantas; léelas y mira con cuál resuenas más. Empieza por esas y, si luego quieres, prueba a retarte con las otras, pero siempre respetando tus ritmos y tus tiempos.

- Aplica la herramienta «CALMA» que te expliqué en el capítulo 1.

- Desenchúfa-te del móvil en casa. Crea un *parking lot*, un espacio donde puedas tener los móviles en casa en silencio. Al menos no lo utilices veinte minutos antes de dormir si quieres descansar de forma adecuada.

- Apaga las notificaciones. Intenta estar en el momento presente sin interrupciones. Disfruta y estate pendiente y atento a lo que estás haciendo en ese instante. Si por un casual te viene un pensamiento de algo que tienes que hacer o no quieres olvidar, hazte con una pequeña agenda, cuaderno, bloc de pósits, y apúntalo. Después, déjalo ir, con la seguridad de que no lo has perdido. Es lo que llamo hacer «descargas mentales».

- Dedica un tiempo a la semana para planificar y organizarte: todos esos pósits con notas que no querías perder, tareas que no se te pueden olvidar, organización de tiempos, etc. Ajústate a esos tiempos que has planeado y ve «corrigiendo» en posteriores sesiones de planificación. Recuerda que, si te pasas de tiempo en una tarea, es posible que te aburras, te canses, acabes hasta el moño y, además, estés quitándole tiempo a la tarea que habías programado a continuación.

- Enfócate en lo que tienes y agradécelo. Si eres consciente de lo que ya tienes, evitarás estar pensando en lo que te falta, con lo que reducirás tu ansiedad.

- Felicítate por cosas bien hechas, piensa en las cosas que has hecho bien durante el día.

- Utiliza un tiempo muerto. Como en algunos deportes que necesitan un tiempo muerto para ajustar la siguiente jugada, para y aléjate durante unos minutos para recobrar la serenidad y la calma que hayas perdido bajo un momento de estrés —puntual o no—. Ve al baño, bebe un poco de agua, respira tranquilamente, levántate, etc.

- Aprende a decir que no y, si no te atreves a decir un «No» rotundo cuando te piden algo que no quieras hacer o no quieras dar, aprende a decir «Ahora, no».

- Busca un momento para ti, donde la prioridad seas tú y solamente tú.

- Realiza alguna actividad de forma consciente, es decir, dándote cuenta realmente de lo que estás haciendo, ya sea lavarte los dientes, ducharte, comer, peinarte, maquillarte, afeitarte, etc. Cualquier pensamiento que aparezca lo alejamos de nuestra mente con amabilidad.

- Sé amable contigo misma. Háblate a diario con cariño y dulzura. Quiérete.

- Aliméntate e hidrátate de forma saludable, al menos la mayor parte del tiempo. Recuerda que los alimentos que restringes harán que tu ansiedad aumente (sobre todo, en momentos de mayor estrés). Come variado y evita picotear entre horas, sobre todo si son alimentos muy procesados.

- Haz algo de deporte: camina, nada, corre, etc. El cuerpo y la mente están íntimamente relacionados, y la práctica de ejercicio, aunque sea moderado, produce endorfinas que nos hacen sentir mejor (a nivel físico y emocional).

- Socializa. La soledad puede ser una gran aliada si la conoces y no la temes. Pero procura no aislarte y busca grupos donde puedas estar en contacto con más personas.

- Ten pensamientos positivos y, si no puedes, al menos que sean neutros. No te vayas al extremo negativo o pesimista.

- Sé consciente de tus emociones. Conócelas primero, nómbralas cuando las sientas y, después, gestiónalas.

- Préstale atención a tu respiración y procura hacerlo de forma tranquila.

- Evita a toda costa el pensamiento rumiativo, el que constantemente vuelve a tu cabeza una y otra vez; no te hace bien y te quita perspectiva. Como dice la canción: «Lo que pasó pasó».

- Busca una actividad que te dé paz (punto de cruz, dibujo, escuchar música, hacer puzles, pasatiempos, jugar con tus hijos); a ser posible, algo «no pasivo» (es decir, no ver la tele), sino algo en lo que puedas activar zonas de tranquilidad de tu mente, no «sedarlas o adormecerlas».

- Busca ocasiones en las que te puedas reír (aquí puedes ver una comedia, contar o escuchar chistes, mirar videos caseros de tus hijos, recibir cosquillas, etc.).

- Abraza. A un amigo, amiga, hijos, pareja, a ti mismo. Y mientras lo haces, respira de forma tranquila y profunda.

- Duerme lo suficiente. ¿Esto qué es? Los expertos indican que no menos de seis horas ni más de ocho, pero tú te conoces mejor, y además es muy fácil decir que duermas mejor si luego te metes en la cama y no dejas de darles vueltas a las cosas, te despiertas, te desvelas, etc.

Después de poner en práctica alguna de estas pautas, es probable que tus niveles de cortisol se hayan reducido. Lo que no implica que dejes de reaccionar a lo que sucede.

Entonces, te preguntarás: «¿Qué puedo hacer yo para dejar de reaccionar mal (perder los papeles, gritar, castigar, amenazar...) a las cosas que hacen mis hijos?».

Piensa que reaccionamos a los estímulos que de un modo u otro nos «tocan», nos conectan con alguna verdad que no queremos ver, con alguna herida emocional no sanada, o cuando sentimos que debemos protegernos de algo.

En el momento que conozcas tus detonantes, tus temores, y, al mismo tiempo, comprendas que no necesitas protegerte de los demás, sino que realmente necesitas situarte en una posición donde tu valía no se vea cuestionada, es cuando dejarás de reaccionar y empezarás a responder de forma saludable a los estímulos.

Tienes valor por existir. Amor incondicional

¿Cómo puedes posicionarte en un sitio donde tu valía no se vea cuestionada?

Te lo cuento con un chiste:

Unas familias están hablando y decidiendo quién de todos los hijos que tenían es el más fuerte.

Uno de los padres dice:

—Mi hijo es muy fuerte porque con un año puede levantar un martillo.

Una madre dice:

—Mi hija es muy fuerte porque con dos años puede lanzar una piedra muy lejos.

Y otro niño pequeño dice:

—Mi hermana sí que es la más fuerte porque con solo tres meses es capaz de tener levantada a toda la familia durante toda la noche.

Te explico:

Un bebé, cuando nace, tiene valor por sí mismo, y eso, a pesar de que, efectivamente, nos puede tener despiertos toda la noche, de que no hace prácticamente nada, duerme (casi siempre de día), llora, se alimenta, hace mucha caca y pis. No es productivo, ¿verdad? Sin embargo, ninguno de nosotros dudamos de que ese bebé para cualquier familia tiene un valor incalculable.

Con el paso de los años, los bebés van creciendo, van aprendiendo a hacer cosas, y nosotros los vamos animando a que las sigan haciendo, los motivamos. Hasta que un día... (¿qué pasa ese famoso día?) sienten que:

- «Yo no valgo si no me como todo lo que hay en el plato».
- «Yo no sirvo si no me quedo quieto aquí sentado».
- «Yo no soy bueno si no saco buenas notas».
- «Yo no soy importante, a menos que esté callado y sin interrumpir».
- «Yo no valgo porque no voy a hacer la carrera que quiere mi padre que haga».
- «Yo no valgo porque no me gusta el baloncesto».
- «Yo no valgo porque no me gustan las chicas».

En ese momento es cuando empezamos a sentir que dejamos de valer. Dejamos de tener valor real e intrínseco, porque sentimos que ese valor es condicionado.

Todas las frases anteriores, y las que quieras poner, se resumen en una sola: «No me tienen en cuenta a menos que...».

Es en este momento —o en este cúmulo de pequeños momentos a lo largo de los años— cuando dejamos que los demás determinen nuestra valía. Es el momento en el que cedemos el poder de sentirnos bien con nosotros mismos y pasamos a cumplir las expectativas de los demás.

Y siendo sinceros y honestos, tener unas expectativas con nuestros hijos e hijas y que no las cumplan nos duele, y, a la vez, sentir que no cumplimos las expectativas que nos han impuesto nuestros padres también duele.

Y esto es el comienzo de un horrible círculo vicioso, ya que la familia es el campo de juego principal, el espacio seguro donde el niño y la niña se permiten ser y experimentar tal cual son.

Pero, si el niño o la niña sienten que lo que hacen es condicionado, o que su amor lo es, creerán que la sociedad los va a «querer» en la medida que encajen en ella. Y perderán su esencia.

Perderán su esencia como ya lo hemos hecho la mayoría de los adultos que estamos funcionando ahí fuera. Y la sociedad es así porque nos han educado para cubrir expectativas, y quizás, y solo quizás, es por esto que nuestra sociedad cada vez está más gris, más mediocre, más entristecida, más adormilada... ¿Qué más da lo que yo tenga que aportar a la sociedad, si no cumplo con lo que la sociedad me está exigiendo?

Por tanto, cuando, en lugar de reaccionar, respondes a los estímulos, escuchas, no te lo tomas como algo personal, dejas de juzgar, dejas de justificarte, actúas sin miedo y con respeto, intentas cosas nuevas, te atreves a fallar, te sientes mucho menos presionado...; en fin, menuda liberación, ¿verdad?

Una vez que sabes que vales por el simple hecho de existir, te das cuenta de que, si reaccionas a las situaciones o a las personas, te conviertes en víctima de las circunstancias y de los demás. Dejas de tener el control de lo que sucede, porque has regalado tu poder a la otra persona para que haga contigo lo que quiera.

Cuando permites que una persona (tu hijo, pareja, compañero de trabajo) o un hecho (se estropea el coche, llueve, se acaban las vacaciones) pueda cambiar tu estado emocional, ya no eres tú quien dirige tu vida. Es la otra persona o lo que sucede lo que te maneja.

Cuando alguien te grita, puedes elegir reaccionar y gritarle también. O puedes elegir responder desde la serenidad. Que puedas elegirlo no significa que sea fácil, hay que trabajar en ello, pero es posible.

Conocer este hecho puede ayudar a regularte. Que tus hijos conozcan este hecho puede ayudarlos a autorregularse.

¿Por qué te digo esto?

Porque, si estás teniendo un mal día, no te encuentras bien o sientes que ya no puedes más, por favor, date permiso para buscar un espacio donde recuperar tu centro y ser capaz de volver a responder.

En algunos deportes existe el «tiempo muerto», donde se para el juego y los jugadores se reúnen para ver qué se puede hacer a continuación. Haz tú lo mismo. Busca tu forma de establecer ese «tiempo muerto» para tomar perspectiva y serenarte.

2. EL CEREBRO ADULTO NO ESTÁ DISEÑADO PARA SER FELIZ

Cerebro adulto vs. cerebro adolescente

Grábate esta frase a fuego: «El cerebro adulto no está preparado para ser feliz, está diseñado para sobrevivir».

Como está diseñado para sobrevivir, pone toda su energía y atención en las posibles amenazas, en las cosas que pueden salir mal, en tooooodo lo que te falta, en lugar de en todo lo que ya tienes. Pone la atención donde tus hijos se han equivocado, donde tu pareja no ha limpiado bien la cocina, en los granitos de tu cara, en las arrugas de la ropa, etc. (más adelante, en el cuarto apartado, te explicaré el «ysismo»).

Sin embargo, cuando somos pequeños o adolescentes, nuestro cerebro quiere experimentar, probar, hacer cosas nuevas y desafiar los límites. Esto es debido a que su cerebro «racional» todavía no está formado completamente, todavía la corteza prefrontal de la que te hablaba en el primer apartado de este capítulo vive en el momento presente; nuestro cerebro de niño quiere jugar, disfrutar, pasárselo bien, sin tener en cuenta los peligros (porque, en realidad, no son capaces de verlos).

Por eso, por mucho que les digamos que tienen que mirar antes de cruzar la calle, o que vigilen los escalones de una escalera, o que se alejen del recipiente caliente, no lo van a hacer.

Tú lo repetirás hasta la saciedad, hasta que un día su cerebro «madure» y haga «clic», y se den cuenta de que sus acciones tienen consecuencias. Y esto, curiosamente, empieza a suceder en la etapa de la adolescencia.

Nota: Pubertad son los cambios a nivel fisiológico que se producen y que hacen que se llegue a la etapa de la maduración sexual (entre los 8 y los 13 años), mientras que la adolescencia está más relacionada con cambios psicológicos y sociales (la OMS la sitúa entre los 10 y los 19 años).

¿Qué pasa en la adolescencia?

En la adolescencia ocurren varios fenómenos interesantes que es conveniente que sepas, para atravesar este periodo de una forma mucho más tranquila y apacible.

A grandes rasgos te los voy a contar aquí, y después entenderás por qué a los jóvenes les encanta el riesgo (y una vez nos convertimos en adultos funcionales, dejamos atrás conductas peligrosas y nos volvemos quizás demasiado precavidos). Lo mismo me pongo un poco «técnica», pero solo son un par de hojas. Cuando llegues a la parte de la moraleja, verás por qué te he contado todo.

- En la infancia existe el pensamiento lógico limitado a lo concreto (a lo que pueden ver o tocar). En la adolescencia comienza a desarrollarse la inteligencia abstracta (más relacionada con la inteligencia adulta propiamente dicha), en la que se permite imaginar posibilidades, buscar ideales o incluso comparar diferentes realidades.

- Los cambios en la adolescencia son progresivos, imperfectos e incompletos, lo que supone la aparición de conductas explosivas o incoherentes que los padres no somos capaces de comprender.

- El cerebro adolescente es muy muy sensible a la falta de sueño, al estrés y a la mala alimentación, por lo que cualquier cambio en estos tres factores tiene un gran impacto en su conducta. Están más irascibles y no entienden qué les sucede. Aquí es importante que les hagamos ver la importancia de mantener hábitos de higiene mental, del sueño y alimentarios saludables.

Por muy tentador que sea ver la serie de la plataforma digital, o jugar horas y horas a la consola, o basar su alimentación en *snacks* envasados, debemos hacerles saber que esto no es bueno para ellos.

- En la adolescencia se eliminan las conexiones cerebrales que no se utilizan, y se refuerza y/o reajusta el número de neuronas y el cableado neuronal en función de las actividades más utilizadas o necesarias para la supervivencia. Esto se llama «poda neuronal».

Quizás por eso a veces sentimos que los adolescentes dejan de saber hacer cosas que hasta hacía unas semanas sabían hacer, tienen problemas de memoria, les cuesta tomar decisiones, etc.

Nosotros, adultos, nos asombramos ante su desidia o falta de aptitudes relativas a esto, sin darnos cuenta de que es un proceso biológico.

- Comienza a aumentar la mielinización de los axones del cerebro (es decir, se protege mejor a las neuronas, y eso facilita que la información entre ellas se transmita mucho más rápido). También se incrementan las ramificaciones de las dendritas (los rabitos de las neuronas).

- La corteza prefrontal (que regula las funciones más complejas: toma de decisiones, inhibición de conductas, planificar) es la última zona del cerebro donde se produce esta mielinización, con lo que justo en la adolescencia su cerebro necesita más tiempo para ajustar las conexiones entre todas esas ramificaciones.

Es normal, por tanto, que los adolescentes parezca que han retrocedido, cognitivamente hablando: van más lentos, o no se enteran, o de pronto no saben cómo actuar y están bloqueados.

- En esta época, además, se consolida el proceso de retardo de la gratificación. ¡Recuerda! Es un proceso, con lo que poco a poco irás notando que las personas adolescentes a tu cargo empiezan a controlar sus impulsos. Aunque, reconócelo, seguro que conoces a muchos adultos que todavía no son capaces de hacerlo.

- Y respecto al riesgo, te cuento algo que te va a sorprender. Siempre se ha dicho que los adolescentes buscan y disfrutan las situaciones de riesgo; que su cerebro está ávido de experiencias novedosas, inesperadas e inusuales, y que no son capaces de ver las consecuencias de sus actuaciones.

En esta última parte es donde estás equivocada/o.

El psicólogo Laurence Steinberg, de la Universidad del Temple, observó y concluyó que incluso los adolescentes de entre 14 y 17 años, que son los que más riesgos suelen asumir, utilizaban los mismos razonamientos que la mayoría de los adultos. Son conscientes de que son mortales y, en cierto modo, tienen «respeto» a ese posible final fatídico.

Entonces, ¿por qué actúan así? ¿Por qué a veces ponen en peligro su propia vida? Porque, aunque reconocen que existe riesgo, en esta etapa valoran muchísimo más la recompensa, muchísimo más que los adultos. Y la recompensa puede ser de muchos tipos: desde la sensación de placer físico/emocional extremo hasta el reconocimiento social entre sus iguales. Esto último («sentir que pertenecen») para ellos es el top de los premios.

Y pensarás: «¡Pero si en el apartado anterior me has dicho lo contrario!».

Te he dicho que empiezan a retrasar las gratificaciones, no que las olviden. Es un proceso que empieza en la adolescencia y acaba. ¿Acaba? Dime si no conoces adultos que se dedican a comprar o comer compulsivamente para evitar afrontar situaciones…

Pues eso. Si criamos de forma responsable, consciente y respetuosa, resulta más fácil que el proceso biológico evolucione de forma favorable. Si no, es probable que haya secuelas de este tipo para el futuro, es decir, en edad adulta.

Moraleja:

Ahora, sabiendo esto que te acabo de decir sobre el cerebro infantil, adolescente y adulto, ¿puedes entender o al menos empatizar con los comportamientos de tus hijos en las diferentes etapas? No es que hagan las cosas que hacen para fastidiarte a ti, adulto, padre, madre; sino que su cerebro está en un momento evolutivo diferente al tuyo.

Normalmente, esto se entiende muy bien con los bebés o con niños muy pequeños, quizás hasta los dos o tres años, con los que nosotros somos muy comprensivos y entendemos, o al menos procuramos entender, que no son capaces de interactuar con los demás (o al menos, con los adultos) de igual a igual.

Esto no significa que no debamos tratarlos con respeto, sino que nuestro trabajo con ellos requiere de mucho más tiempo, paciencia y autocontrol emocional por nuestra parte.

En la mayoría de los casos, el gasto energético que padres y madres tenemos durante los tres primeros años en autodisciplina, autocontrol o autogestión emocional y ejercicio de la paciencia suele ser tan alto que nos quedamos sin reservas de nada justo sobre esa etapa.

Ya no nos queda ni paciencia, ni autocontrol, ni serenidad, ni nada de nada; por lo que, a partir de los tres años, dejamos de ponernos al servicio de nuestros hijos e hijas y empezamos a tratarlos como si nos debieran rendir pleitesía.

Si no los hemos castigado, chantajeado o amenazado antes de los tres, empezamos a hacerlo ahora. ¿Por qué? Porque nos hemos quedado sin recursos.

Y además, los niños también buscan reafirmar su identidad, quieren alejarse un poquito de papá y mamá (el alejamiento total viene en la adolescencia), y nos cuesta aceptar este hecho, puesto que queremos seguir manejándolos como marionetas y que sean una extensión nuestra durante toda su vida.

Deja de preocuparte y empieza a ocuparte, y por eso tienes este libro entre tus manos, porque lo estás haciendo muy bien. Pero quieres hacerlo un poco mejor, ¿verdad?

No te despistes y sigue leyendo:

Tú, como adulto de referencia, tienes que:

- Formarte e informarte. Ya sabes qué le sucede al cerebro de nuestros hijos e hijas, y también al tuyo propio. Aprovecha esta información para aumentar tu compasión, tu empatía y conexión con ellos, y también contigo misma.

- Fomentar tu autocuidado. Busca cosas que te hagan recuperar tu centro para que no creas que las cosas que hacen tus hijos van contra ti. No es personal, es un proceso evolutivo y completamente natural.

- Quitar la atención a las actitudes o comportamientos que no te gustan y poner el foco en las cosas que tus hijos e hijas hacen bien. El refuerzo positivo en este caso te va a traer mayores beneficios.

- Elegir las gafas que te vas a poner: las de mariposa o las de mosca. «La mariposa está buscando las flores del camino, los colores bellos y brillantes; en cambio, la mosca solo ve las mierdas y se posa sobre ellas». De modo que es tu responsabilidad elegir dónde vas a posarte y en qué quieres recrearte, porque es cierto que suceden muchas cosas malas a nuestro alrededor...

En este mundo pisarás muchas mierdas y las olerás durante mucho tiempo; es un olor difícil de quitar. Quejarte y ponerte en «modo víctima» es muy fácil, porque te desprendes de toda responsabilidad. Es mucho más sencillo echar la culpa al de fuera, en lugar de asumir que tú tienes el poder de elegir tu actitud en cada momento.

La cuestión que te planteo es la siguiente: ¿cómo vas a transformar toda esa mierda en abono?

Te dejo unas pautas por aquí, elige la que más te resuene:

- Entrena tu cerebro a ver las cosas bonitas del día y agradécelas (en el último apartado de este capítulo te hablo de una amiga que tienes que conocer, SARA, que te ayudará aún más).

- Lleva un diario de agradecimiento. Si te gusta escribir, genial: aprovecha y cuenta todo aquello por lo que das las gracias y recréate en ellas. Y si no, coge unos pósits y escribe de forma breve dos o tres cosas buenas que han sucedido en el día.

- Fomenta las preguntas siguientes a diario:

  - «¿Qué he aprendido hoy?».
  - «¿Qué es lo que más me ha gustado del día?».
  - «¿De qué me siento orgullosa?».
  - «¿He ayudado, o alguien me ha ayudado a mí hoy?».
  - «¿He superado algún miedo?».

- Toma perspectiva, es decir, contesta a lo siguiente:

  - «¿Cómo de difícil es esta situación?».
  - «¿Tiene solución, aunque ahora mismo no la vea?».
  - «¿Cómo me gustaría recordar esta situación dentro de cinco años?».
  - «¿En qué tipo de persona deseo convertirme ante esta circunstancia?».
  - «¿Cómo quiero que me recuerden mis hijos?».

¿Cómo puedes adaptar estas estrategias para tus hijos?

Cuando veas que se frustran a menudo por cosas que suceden y no sepas cómo ayudarlos, plantéales la siguiente pregunta para orientarlos a que tomen perspectiva del problema.

Quizás la pregunta no sea «¿Cómo de difícil es esta situación?». Si son pequeños, no tienen aún formado el pensamiento abstracto. Pero sí puedes cambiarla por la siguiente: «Cariño, esto que ha pasado: ¿es un problema pequeño, mediano o grande?».

De este modo es más fácil para ellos.

Lo importante es que les vayas proporcionando herramientas ya desde chiquititos, adaptándolas a su edad y probando qué les funciona mejor.

«Los días son largos; los años son cortos».

3. EL CEREBRO NO DISTINGUE ENTRE LO QUE ES REAL Y LO QUE RECUERDAS

Así que, cuando te empeñas en recordar una y otra vez cuándo fallaste la pregunta que te hicieron; cuando te culpabilizas por no haberle dado el pecho a tu bebé; cuando sientes que no has pasado el tiempo suficiente con tus hijos; cuando recuerdas la trifulca de la mañana con tu adolescente, estás sometiendo a tu cuerpo entero a un estrés real.

Tu cerebro segrega las mismas hormonas en una amenaza real que en la imaginaria —cortisol, adrenalina, noradrenalina, acetilcolina—. Es decir, el cerebro te hace creer que pasas otra vez por ese hecho y sufres de nuevo.

Esto es fundamental que se lo enseñes a tus hijos e hijas, pero primero tienes que aprenderlo tú misma, para saber autogestionarte y ser buen modelo de comportamiento ante ellos.

Una vez que lo hayas asimilado, hazte la siguiente pregunta: «Si puedo pensar en las cosas que me salieron mal, y eso me hace sentir horrible, ¿puedo cambiar mis patrones de comportamiento y emocionalidad cambiando lo que pienso?».

¡Efectivamente!

Puestos a pensar, piensa en positivo, en posibilidades, y sobre todo ayúdate de la siguiente pregunta: «¿Qué podemos aprender de esto que ha sucedido hoy?».

Si cada vez que sucede algo (un enfado, algo que se cae, un examen que no se aprueba, una pareja que nos deja, una pelea entre hermanos, etc.) lo aprovechas como una oportunidad para enseñar algo a tus hijos, será como ir aprendiendo historia a través de una película o una novela. Lo integrarán (lo integrarás) de forma más eficiente.

Por eso, aprovecha que tienes este gran poder para dejar de pensar en cosas que no puedes cambiar, en cosas que están fuera de tu ámbito de control, en cosas que aún no han sucedido, y, en su lugar, ocúpate de crear el presente y el futuro que quieres.

No se trata de obviar lo malo ni de tener un positivismo tóxico e ir por la vida como si todo te diera igual. No es esto lo que te quiero transmitir, sino más bien sacar la enseñanza de las cosas que suceden. Porque, además, somos nosotras mismas las que nos boicoteamos todo el tiempo: exponiéndote a noticias malas, imágenes horribles, pensamientos desalentadores, creencias que nos limitan... Y esto es así todo el día y todos los días.

Y eso, aunque no te des cuenta, se lo transmites a tus hijos.

¿Cómo salir de esa espiral autodestructiva?

Técnicas para autogestionarte

Aquí te dejo varias técnicas que puedes aplicar:

- Actívate. Es decir, muévete, salta, baila, canta, aléjate de donde estás en este momento.

- Bebe o come algo. Un cuerpo en peligro no se para a beber o a comer. El cuerpo le está mandando un mensaje de tranquilidad al cerebro.

- Practica *mindfulness* y permanece atenta a tu respiración, a un sonido concreto: el tic tac de un reloj, por ejemplo, o, si está lloviendo, a las gotas que caen en la ventana, etc.

- Deja de exponerte a imágenes, noticias, personas que, en lugar de aportarte, te están quitando energía, te provocan incertidumbres, te transmiten negatividad, se quejan todo el tiempo. Sustituye esto por cosas que te provoquen bienestar, alegría; que te saquen una sonrisa, como esta familia de perezosos tan «cuqui». Mírala.

Tu estado emocional acaba de cambiar por el simple hecho de mirar esta foto... Y lo sabes.

Wow... ¿No te parece increíble?

El pensamiento antídoto

Cuando empieces a notar que tus pensamientos acuden al pasado a recrearse y/o reproducir acontecimientos no agradables del ayer, ten preparado tu «pensamiento antídoto».

Te lo explico:

Piensa en un momento de tu vida en el que fuiste feliz, en el que las cosas te salieron como querías, en el que te lo estabas pasando fenomenal. Estoy segura de que tienes varios de esos.

Por ejemplo:

- Aquel día que llovía tanto y te quedaste en casa calentita, viendo una película o leyendo un libro que te encantó.
- Aquel paseo que te diste por la montaña, en el que subiste por el bosque y sentías calma.
- Aquella cena con tus amistades en la que tanto te reíste.
- Aquella mañana en la playa en la que veías a tus hijos nadar y jugar tranquilamente.

Utiliza este recuerdo y piensa claramente en cómo era.

- ¿Qué veías exactamente?
- ¿Qué colores predominan? ¿Los cálidos o los fríos? ¿Era oscuro? ¿Había claridad?
- ¿Qué olor destacaba? ¿El del salitre del mar, el olor a café recién hecho, el perfume de tu pareja?
- ¿Qué sonidos escuchabas? ¿Había silencio? ¿Oías ruidos de coches, las olas del mar, el zumbido de insectos?
- Por último, ¿cuáles eran las sensaciones físicas que tenías? ¿Sentías frío? ¿Notabas calor, humedad, calidez?

Cuanto más vívido sea el recuerdo, mucho más fuerte será el impacto que tenga como pensamiento antídoto.

Por tanto, ante una situación, ya sea real o imaginaria, activa tu pensamiento antídoto: tráetelo al presente y regodéate en todos los detalles que te acabo de sugerir.

Grounding

Traduciendo al español, el término *grounding* se diría que es «tomar tierra», «conectarse con la tierra» o «aterrizar».

Principalmente sirve para volver a la realidad, al aquí y ahora. A estar en el momento presente. Y se usa para poder reconectar con el mundo, sobre todo y gracias a la utilización de la toma de conciencia de nuestros sentidos.

Utiliza esta técnica en el momento en el que tus pensamientos se vuelvan demasiado intrusivos, para que puedas anclarte a tus sentidos y seas capaz de decir lo siguiente:

- Cinco cosas que puedas ver.
- Cuatro cosas que puedas escuchar.
- Tres cosas que puedas tocar.
- Dos cosas que puedas oler.
- Una cosa que puedas saborear.

En el caso de personas con distintas capacidades (visuales, auditivas, etc.), se pueden hacer sustituciones: si no puedes ver, busca cosas que recordar, personas con las que te gusta estar, sensaciones que percibes (frío, calor, viento...).

Círculos de influencia

Conocer esta herramienta te ayudará a modular tus sensaciones con respecto a las cosas que suceden a tu alrededor.

Como siempre te digo, enséñaselo a tus hijos e hijas para que puedan ser los verdaderos artistas y creadores de su vida.

Te explico en qué consiste:

Imagínate tres círculos concéntricos.

El primer círculo, que es el más pequeño, es el círculo interior, en el que están todas las cosas que puedes controlar, las que dependen única y exclusivamente de ti misma. Dentro de este círculo puedes gestionar o controlar tu actitud, lo que piensas, lo que haces, cómo te cuidas, lo que comes, las personas de las que te rodeas, etc. Son cosas que dependen totalmente de ti. Tienes la plena capacidad de gestionarlas.

A continuación, existe un segundo círculo concéntrico algo más grande que el anterior; en esta zona, se habla de que es una zona de «influencia». Son todas esas cosas que tú no puedes controlar, que no dependen de ti, pero sobre las que puedes influir en mayor o menor medida para que el resultado que quieres obtener se aproxime a lo que quieres que suceda.

Y por último, está el tercer círculo concéntrico, el que rodea a los dos anteriores, y es aquel en el que están todas las cosas que tú no puedes controlar ni dependen de ti, sobre ellas no tienes ninguna influencia.

Este círculo es el más grande, ya que, en realidad, hay muuuuchas cosas que no puedes controlar: lo que los demás piensan de ti, cómo te tratan los demás, el tiempo atmosférico, las preguntas que pueden caer en un examen, el atasco que te encontrarás por las mañanas, etc.

Te pongo un ejemplo:

No puedes hacer que el presupuesto de un proyecto se incremente en un millón de euros. Puedes quejarte durante horas a los compañeros, al coordinador, a la familia, diciendo que no tienes dinero suficiente para acometer el proyecto, o también puedes buscar alternativas y ver de qué forma influenciar en lo que necesitas.

Tal vez conoces a los clientes que podrían sugerir cambios o mejoras en los tiempos de entrega de los productos, por lo que, si les facilitas la información adecuada, es posible que puedan presionar para que se incremente la dotación presupuestaria del proyecto, etc.

Otro ejemplo:

Tu hijo adolescente quiere ir al centro comercial a comprarse ropa. El centro comercial se encuentra a 10 km de casa, pero no hay conexión adecuada vía transporte público, y no tiene coche.

¿Puede hacer algo? Quizás puede influir sobre su padre, su madre, algún familiar para que lo acerque hasta el centro comercial y consiga comprarse ropa.

O quizás tu hija no puede controlar las preguntas que le van a poner en el examen de Ciencias Sociales de la semana siguiente, pero puede dedicarle más tiempo a estudiarlo para que el resultado sea positivo.

Como ves, el círculo de influencia no se basa solo en lo que yo puedo influir sobre otras personas, sino que también se utiliza pensando en qué puedo hacer yo para influir en el cambio o en la búsqueda del resultado que quiero obtener.

Esta última reflexión nos pone nuevamente en la situación de «hacedores» de nuestra historia, protagonistas de nuestra vida, alejándonos del victimismo, de la queja, de la protesta inútil, de la pasividad... Y en el fondo, todo esto es lo que queremos no solo para nosotros, sino para nuestros hijos e hijas: que sean capaces de tomar las riendas de su vida y encuentren soluciones a los retos cotidianos.

Influir no es convencer

Cuando sabes que eres el principal *influencer* de tus hijos, te das cuenta de que estás generando un impacto en ellos.

Con este libro quiero que dejes un gran impacto positivo en ellos, y para eso tienes que dejar de convencerlos.

Influenciar, sí. Convencer, no.

Y esto te cuesta mucho asimilarlo.

Cuando intentas convencer, quieres, a través de razones y de argumentos, conseguir que tus hijos hagan o piensen de una forma determinada. Son tus razonamientos y argumentos; pueden ser válidos para ti, pero quizás no lo son tanto para tus hijos.

Cuando quieres «con-vencer», suele haber un ganador (tú) y un vencido (tus hijos). Con esto surge el rencor, el sentimiento de no valía, el de desidia, el de engaño o mentira: «No le voy a contar nada, lo haré a escondidas»; «Qué más da, si al final la última palabra es la de mi padre o mi madre», etc.

Cuando influyes, tú das tus argumentos y tus razones, y, al mismo tiempo, permites que no estén de acuerdo contigo; permites la contraargumentación, el respeto, la comunicación. No guardas rencor, no estableces represalias, agradeces la confianza de hablar claro, promueves el pensamiento crítico, confías en las habilidades de la otra persona, sueltas paso a paso las ganas de control, les das el poder de gobernar su vida a tus hijos.

Con tu influencia, estás ahí; en cambio, no quieres ganarles. Tú sientes, y tus hijos sienten. Hay una relación de igualdad: no eres más que ellos; no son más que tú. Os respetáis como seres individuales con diferencias entre vosotros.

Esa es la mejor manera de ser la mejor *influencer*. Siendo el mejor ejemplo de comportamiento.

4. EL FAMOSO «YSISMO»

Cuando, en tu día a día, de pronto tus pensamientos se proyectan hacia el futuro, es probable que puedas sentir cierta ansiedad, sobre todo cuando te planteas el famoso «¿Y si...?»:

- «¿Y si no sale bien?».
- «¿Y si me despiden?».
- «¿Y si enfermo?».
- «¿Y si mi hija se cae y se hace una brecha?».

Cuando te sitúas en el «¿Y si...?», te proyectas al futuro y anticipas todas las cosas que van a salir mal, fatal u horriblemente mal. Porque, como ya te he contado, el cerebro adulto no está diseñado para ser feliz; el cerebro está diseñado para sobrevivir.

El cerebro, para sobrevivir, cuanta menos energía consuma, mejor; por eso es más difícil seguir una rutina saludable de ejercicio que estar tirado en el sofá. Incluso al cerebro le cuesta menos energía tener un ataque de ira cuando tu hijo hace lo contrario de lo que le pides que mantener la calma. Por esa razón no es tan fácil autogestionarte.

Además, como ya te dije un poco más arriba, el cerebro busca las amenazas y los peligros (reales o imaginarios) que pueden hacer que tu vida sucumba. Es por eso que casi siempre nos fijamos en todas las cosas que están mal hechas, en todos los fallos que cometen nuestros hijos, en todo lo que nos falta y no tenemos, porque es una forma de proteger a la especie.

Sabiendo esto, y que en realidad hoy en día pocas cosas reales suponen una amenaza a nuestra supervivencia, es hora de cambiar el foco y utilizarlo para darle la vuelta a la tortilla. Si ya sabes que tu cerebro busca todo lo malo, tendrás que esforzarte en buscar lo bueno y bonito de la vida, en todas las cosas que tus hijos e hijas hacen requetebién (porque es verdad que hacen más cosas bien que mal), en la suerte que tienes, en lo maravillosa que es en realidad tu vida. Así, tu cerebro va a estar mucho más relajado, va a estar integrado y va a sentir más calma, y es precisamente calma la que necesitamos para afrontar las cosas.

Cuando estás proyectando constantemente a futuro, vuelves a perder tu presente, dejas de estar aquí y ahora, dejas de disfrutar de todo lo que tienes.

Además de esto, no saber qué sucederá en el futuro genera mucha inseguridad, y, tanto en la etapa infantil como en la adolescencia, nuestros hijos e hijas necesitan seguridad y estabilidad en su vida.

«Si tiene solución, ¿para qué te preocupas...?
Y si no la tiene..., ¿para qué te preocupas?».

Esa inseguridad y ese miedo a la incertidumbre que sentimos como adultos los volcamos en nuestros hijos, por lo que están adoptando patrones de conducta desadaptativos que no les van a permitir que se atrevan a hacer cosas, que prueben, que vuelvan a intentarlo a pesar de las caídas.

La disciplina, la tenacidad y la perseverancia también se entrenan. Porque levantarse después de cada caída enseña a perseverar, a buscar los errores de cálculo para enmendarlos y volver a intentarlo con más seguridad cada vez.

No puedes volcar tus miedos e inseguridades (por heridas o traumas no curados de tu infancia) en ellos. No puedes traspasarles esa «maldición»; eso sí que es una irresponsabilidad.

La paradoja de la crianza nace de todo esto que te estoy contando. Quieres ser la mejor madre, el mejor padre del mundo, y, al mismo tiempo, traes contigo una pesada carga, toda la historia de tu infancia y adolescencia (vivida en base a la crianza recibida de tus padres), y que sin darte cuenta ha dejado huella (cicatrices incluso), ha forjado creencias que no has cuestionado, ha esculpido verdades que has aceptado sin rechistar, y todo eso impacta en el desarrollo de tus hijos e hijas; asuntos sin resolver que ellos sabiamente te espejan y no sabes cómo solucionar.

¿Cómo dejo de irme al futuro y pensar en las cosas que pueden ir mal?

Trabaja en tus inseguridades y miedos

¿Qué herida estás intentando sanar?

Es muy posible que necesites el acompañamiento de un profesional, psicólogo, asesor, *coach*, para desenmarañar y sanar esas heridas.

La importancia del agradecimiento

Practica el agradecimiento en casa, en familia. Es fabuloso ver el cambio de energía que se da en los hogares que hacen a diario prácticas destinadas a fomentar y a ver las cosas buenas que tienen, primero, tomando conciencia de que las tienen (porque a veces ni siquiera somos conscientes de ello) y, en segundo lugar, agradeciéndolas.

Reserva un momento del día (¿en la cena, quizás?) para decir al menos tres cosas buenas que hayan sucedido en el día y por las cuales estéis agradecidos.

Pensar en bonito

Puestos a pensar y proyectar a futuro, ¿por qué no piensas en bonito y en positivo? Es decir, ya que puedes elegir lo que pensar, elige pensar en positivo. No en que todas las cosas van a salir bien, sino que lo que tenga que ocurrir, al final, será para bien.

Muy relacionado con lo anterior estaría desear, pensar con ilusión, fomentar el pensamiento mágico; es decir, sigue quizás permitiéndote soñar y pensar en los finales felices, en purpurinas, en colores vivos y radiantes, en las cosas maravillosas que pueden suceder, en las posibilidades, en la ilusión.

Cuando tu hijo pequeño tenga un desbordamiento emocional muy grande, puedes decirle lo siguiente: «Mira, voy a escribir en mi cuaderno mágico esto que me estás contando. Ahora no se puede hacer realidad, pero, si lo apuntamos aquí, seguro que se nos ocurre alguna cosa para hacerlo posible».

El simple hecho de que lo hayas escuchado, tenido en cuenta e incluso apuntado hará que la emocionalidad disminuya, y en días futuros quizás ni se acuerde. O si lo hace, explícale por qué no puede ser eso que pide (al ya no estar en modo alerta, su cerebro estará integrado, en calma, y acogerá mejor lo que le dices).

Técnicas de adaptación al cambio

- Acepta que estás en constante cambio.

- Asume que tienes derecho a cambiar, y tus hijos, también. A veces, nos dicen: «¡Has cambiado!», como si fuera un insulto, cuando en realidad es uno de los halagos más bellos y profundos que pueden dedicarte.

- Rodéate de gente diferente, en cuanto a edad, creencias, estudios, y permite a tus hijos e hijas que estén con personas de diversas culturas, experiencias, edades, porque desde ahí es como verás que no solo tu punto de vista es válido, que hay muchas más realidades además de la tuya.

- Fomenta la curiosidad por aprender siempre cosas nuevas, ya sean tecnológicas, de artes, de literatura, de botánica... Cualquier cosa que te saque de tu caja mental hará que tu mente esté más abierta al cambio, a nuevas experiencias, y te adaptarás mejor a ellas.

- Aprende, desarrolla y fomenta la inteligencia emocional. Permítete expresar tus emociones, por desagradables que te parezcan; amplía tu vocabulario emocional, porque simplemente con nombrar la emoción te permitirá reconducirla y gestionarla. Es el primer paso.

«No es la especie más fuerte la que sobrevive,
sino la que mejor se adapta al cambio».

Resiliencia y mentalidad de crecimiento

Si hablo de cambiar, también hablo de resiliencia.

La resiliencia es la capacidad que tienen las personas de superar cosas traumáticas que suceden, saliendo reforzados de esos hechos.

Existen multitud de hechos traumáticos para un niño o niña; puede ser desde el fallecimiento de un familiar, una ruptura amorosa, el cambio de colegio, una separación, el nacimiento de un hermano, perder algo material, una mudanza, etc.

No te equivoques pensando que el trauma es algo «grave». No. Es algo que ha pasado en tu vida y que altera de una manera significativa alguna circunstancia en ella, y solo tú conoces realmente el impacto de eso que ha sucedido.

Por eso, ser empático no es tan fácil.

¡Aysss! Me he vuelto a adelantar.

Tendrás que esperar al capítulo 3, «Pedagogía del sentir», en el que te hablo de la conexión y pertenencia, y de la falacia de la empatía. Qué nervios, ¿eh?

La resiliencia está muy relacionada con la mentalidad de crecimiento que nos cuenta Caroline Dweck en su libro *Mindset, la nueva psicología del éxito.*

La mentalidad de crecimiento es aquella que tienen personas con habilidades para afrontar las situaciones con la actitud adecuada, con perspectiva, respondiendo a lo que sucede, en lugar de reaccionando, y viendo posibilidades y oportunidades, en lugar de obstáculos y barreras. Esto es lo que nos hace salir reforzados de las situaciones, en lugar de quedarnos estancados en los problemas, dejando de señalar culpables y buscando soluciones a eso que sucede.

La mentalidad de crecimiento está muy ligada al poder del «todavía» que te desarrollo en el capítulo 4, «Necesidades vitales».

La mentalidad fija, por el contrario, es aquella en la que piensas que jamás podrás lograr una cosa; que da lo mismo lo que te esfuerces, porque no podrás mejorar, o incluso que nunca lograrás aquello a lo que no estás predestinado.

En la mentalidad fija te victimizas por lo que te sucede, y es posible que eches balones fuera, culpando a los demás, a las circunstancias, o simplemente actuando de forma pasiva: «Hasta que tú no cambies, yo no seré feliz»; «Hasta que mi jefe no cambie, yo no lograré un ascenso».

La habilidad de crecimiento, como todas las habilidades, se entrena, se mejora y se llega a dominar.

¿Qué quieres enseñarles a tus hijos e hijas? ¿Que son capaces de cambiar y mejorar, o, por el contrario, que, si han intentado algo y no lo han conseguido, jamás lo lograrán? Del discurso que te creas y que cuentes, tú y tus hijos aprenderéis y actuaréis en consecuencia.

El cuento de *La buena o la mala suerte*

Cuenta una historia antigua que un viejo labrador vivía en una aldea muy humilde en compañía de su hijo.

Un caluroso día de verano, un caballo salvaje, joven y fuerte bajó de los prados de las montañas a buscar comida y bebida en la aldea. Ese verano había llovido poco, y apenas había pasto verde o agua en los arroyos. Por lo que el caballo buscaba desesperado la comida y la bebida con las que sobrevivir.

Merodeando por aquí y allá, el caballo llegó al establo del anciano labrador y comió y bebió cuanto quiso. El hijo del anciano, al descubrir al animal, cerró la puerta del establo y quiso quedárselo para domarlo.

La noticia se extendió pronto en la pequeña aldea, y a los vecinos, cuando felicitaron al labrador y a su hijo por la gran suerte de tener ese bello animal sin coste, el primero les dijo:

—¿Buena suerte? ¿Mala suerte? ¡Quién sabe!

Pero, al siguiente día, el caballo, saciado, ágil y fuerte como era, saltó la valla y se volvió a las montañas.

Los vecinos, al enterarse, fueron a consolarlo por su desgracia, y el anciano les replicó:

—¿Mala suerte? ¿Buena suerte? ¡Quién sabe!

Unas semanas más tarde, una manada de caballos, dirigida por aquel magnífico que había encontrado comida y agua en ese establo, apareció a las puertas del mismo. Yeguas fuertes, potrillos, corceles lustrosos habían seguido al caballo que semanas antes había calmado sus necesidades allí.

¡Los vecinos no lo creían! El labrador de pronto había conseguido más de treinta ejemplares que le proporcionarían gran riqueza.

Cuando los vecinos felicitaron al labrador por su extraordinaria buena suerte, de nuevo este les respondió:

—¿Buena suerte? ¿Mala suerte? ¡Quién sabe!

Al día siguiente, el hijo del labrador intentó domar al bello corcel que vio por primera vez. Si conseguía hacerlo, ningún otro miembro de la manada se escaparía. Pero, fuerte y bravo como era el animal, cuando intentó montarlo, se encabritó y pateó, y le rompió las manos y las piernas al joven.

Todo el mundo consideró aquello como una verdadera tragedia. Pero el anciano nuevamente dijo:

—¿Mala suerte? ¿Buena suerte? ¡Quién sabe!

Un mes más tarde, el ejército entró en el poblado y reclutó a todos los jóvenes. Al ver al hijo del labrador con manos y piernas vendadas, lo dejaron tranquilo y siguieron su camino.

Los vecinos que quedaron en la aldea fueron a visitar al anciano labrador y a su hijo, para expresarles la gran fortuna que habían tenido al no tener que marchar a una guerra que probablemente sería fatídica.

El sabio anciano respondió:

—¿Buena suerte? ¿Mala suerte? ¡Quién sabe!

Quiero que tengas presente siempre esta historia, que se la cuentes a tus hijos e hijas y que te des cuenta de que lo que te sucede en la vida no es bueno ni es malo de por sí, pues la mala o la buena suerte dependen de cómo interpretes lo que ocurre, de tu actitud ante las cosas.

Tú eres el protagonista de tu vida. Tú decides cómo ver las cosas que pasan.

«Al final, todo saldrá bien. Y si no ha salido bien,
es que todavía no es el final».

5. TU AMIGA SARA

Ahora, te presento a SARA, tu sistema de activación reticular ascendente que tienes dentro de tu cerebro y que se va a convertir, a partir de ahora, en tu mejor amiga.

Se encuentra en el tronco del encéfalo y forma parte del sistema nervioso central. Es el responsable, entre otras cosas, de los estados de vigilia o sueño, o, por ejemplo, de que escuches tu nombre en una sala llena de ruido.

Funciona como un filtro o como un portero de una sala de fiestas; es el que decide si vas a pasar a la zona VIP o no de la discoteca: mirará si estás en la lista, y, si no, no pasarás.

Tu cerebro recibe infinitos estímulos a lo largo del día, y SARA filtra la información que sí «queremos». Esta es la razón por la que, cuando estás embarazada, de pronto ves mujeres embarazadas por todos lados, o es por lo que, cuando te rompes una pierna, empiezas a ver muletas y escayolas a tu alrededor (¿lo que piensas atrae?). Curioso, ¿no? En realidad, esto tiene una explicación científica muy clara y simple.[1]

SARA está muy ligado a la atención, también a tus experiencias pasadas y, finalmente, como resultado de esto, a la resiliencia de la que ya te he hablado hace un rato.

Es importante que conozcas que existe este filtro en tu cerebro y, además, que se lo expliques a tus hijos. No es algo que hagamos de forma consciente, sino que es biológico; por tanto, tienes que entrenar y ganarte la amistad de SARA si quieres usarlo a nuestro favor.

Te lo voy a repetir una vez más: cambiar la perspectiva te ayuda a ver las cosas buenas que sí tienes y todas las cosas buenas que hacen tus hijos.

---

1 Te propongo que mires el siguiente video de YouTube y cuentes los pases de pelota que realizan los jugadores. ¿Eres capaz de ver al personaje sorpresa que aparece en la imagen? (Https://www.youtube.com/watch?v=E-Bv9bLDhF8).

Acompaña a tus hijos y enséñales a decirse los atributos positivos que tienen, es decir, que se digan en voz alta las cosas que han hecho bien, o que celebren y se feliciten por sus logros. Así estáis entrenando a SARA para que siga viendo más cosas buenas y positivas.

En la adolescencia, ellos necesitarán tener este filtro muy activado y, sobre todo, enfocado a lo positivo, con el fin de fomentar una autoestima sana.

El aliado de SARA

El aliado perfecto de SARA es el agradecimiento. Una persona que se enfoca en el agradecimiento tiene el SARA activado hacia el agradecimiento; es decir, cuando sucede algo, piensa en las cosas que puede aprender de lo que está sucediendo, cómo buscar soluciones, cómo aprovechar lo que está sucediendo como ventaja competitiva, cómo adaptarse de la mejor manera a la situación, etc. Y de este modo evita el sufrimiento.

«El dolor es inevitable; el sufrimiento es opcional».

El dolor proviene de aceptar lo que está sucediendo sin poder cambiarlo. El sufrimiento proviene de no querer aceptar lo que está sucediendo, de querer cambiarlo constantemente, de no querer adaptarse a lo que está ocurriendo en ese momento.

Aceptar lo que sucede no es pasividad, no es desidia; es simplemente aceptar de forma activa que en ese momento no puedes cambiar lo que está sucediendo y buscar la mejor forma de estar en el momento presente, atravesando las emociones que te embargan y aprendiendo a gestionar de la mejor forma lo que está sucediendo, para después salir reforzado de la situación.

No significa que te dan igual las cosas, no quiere decir que te desentiendes de lo que sucede; significa que ahora no puedes hacer nada por cambiar la situación y necesitas cambiar el foco para poder seguir adelante.

No sé si te has fijado que digo «Cuando sucede algo», en lugar de «Cuando me sucede algo». Pensar y hablar de esta última forma es creer que somos el ombligo del mundo, o que el universo tiene un plan perverso para acabar con nosotros.

Si piensas de esta forma, flaco favor te estás haciendo a ti y a tus hijos. Nuevamente, te vas a la posición de víctima, en la que no tienes opción de hacer nada por remediar tu situación.

Una vez más, te lo digo: siempre puedes elegir la actitud con la que afrontas las cosas.

CAPÍTULO 3
Pedagogía del sentir

Los seres humanos somos seres sintientes, seres sociales; necesitamos a los demás para desarrollarnos plenamente y para desarrollar todas nuestras habilidades, aunque no solo basta con que nos relacionemos con los demás, sino también es fundamental que aprendamos a relacionarnos de forma efectiva y adaptativa.

Ya lo has ido leyendo a lo largo de las páginas de este libro, y ahora te lo vuelvo a recordar.

Es importante cómo haces sentir a tus hijos, y en este capítulo voy a poner el énfasis en tres sentimientos en los que debes incidir para que tus hijos se desarrollen de forma mucho más saludable a nivel emocional y psicológico: sentir que formamos parte de algo, que somos capaces y que somos importantes.

SENTIR QUE FORMAS PARTE DE ALGO

Nos gusta sentir que formamos parte de un grupo, de una familia, de una tribu, de un clan, porque necesitamos pertenecer y encajar. Esto proviene de tiempos remotos, cuando vivíamos en las cavernas y pertenecíamos a un clan; uno de los peores castigos que podían recibir los miembros de un clan era ser expulsados del mismo, porque entonces quedaban desprotegidos y solos ante los peligros que existían en aquellos tiempos. Sentirnos desconectados de nuestros iguales constituye un temor ancestral; lo arrastramos desde hace millones de años.

A raíz de esto, surgen las teorías del apego, originariamente desarrolladas por John Bowlby en la década de 1960.

Teorías de apego y cómo afectan en la adolescencia y en la edad adulta

Apego es la relación que existe entre personas que aseguran el cuidado y bienestar físico y psicológico.

Yo te voy a hablar rápidamente de tres tipos de apego: apego seguro, apego evitativo y apego inseguro.

1. Apego seguro: se da cuando un niño muestra confianza y sabe que su cuidador principal está cerca. El peque explora a su alrededor seguro de lo que hace y se relaciona más o menos bien con extraños porque se siente seguro mientras la persona de referencia (madre/padre/cuidador principal) está delante. Sienten ansiedad ante la separación de su persona de referencia, pero, cuando esta regresa, sienten felicidad y bienestar. Cuando sean adultos, lo más probable es que sean personas seguras y confiadas que desarrollarán relaciones con las personas de forma sana y tranquila.

2. Apego evitativo: se da cuando el niño trata a su madre, padre o cuidador principal igual que a un extraño, es decir, los ignora y apenas muestra ansiedad cuando se marchan o cuando vuelven. Son niños que no tienen atendidas sus necesidades porque sus cuidadores no saben cómo manejarlas ni tampoco gestionar sus propias emociones ni las de los peques, por lo que llega un momento en que el niño «aprende» a controlar todos sus impulsos, emociones o conductas. Son niños generalmente con comportamien-

tos muy comedidos. De adultos, serán personas que tengan muy poca inteligencia emocional y que piensen que no necesitan la compañía de los demás, pero en realidad es un mecanismo de defensa que han desarrollado en la infancia.

3. Apego ambivalente o resistente: se origina cuando el niño percibe que la respuesta a sus necesidades está presente en unos momentos, pero en otros no existe; es decir, no sabe a qué atenerse cuando tiene una necesidad no satisfecha, porque sus cuidadores principales a veces lo acompañan, pero otras veces le niegan los cuidados o incluso lo ningunean. Como no saben a qué atenerse, los niños oscilan entre dos extremos: miedo a ser abandonados y la búsqueda constante de aprobación. Los niños con este tipo de apego manifiestan mucha ansiedad cuando su madre o cuidador no está porque piensan que lo han abandonado, pero, cuando este regresa, se muestra resentido y no hay manera de calmarlo. En la edad adulta son personas con problemas de autoestima, búsqueda muy elevada y constante de aprobación externa, presencia de relaciones tóxicas, mucha inestabilidad emocional, etc.

Por tanto, teniendo en cuenta esto que acabas de leer:

- A nivel infancia y niñez, los peques necesitan sentir que no están solos o desamparados, sino más bien protegidos y cuidados. En esta etapa es fundamental que, como padres y madres, desarrollemos con nuestros hijos un apego seguro en el que sientan a los adultos de referencia como un espacio confiable y de seguridad. Así será más fácil que se desarrollen de forma saludable y adaptativa.

- A nivel adolescencia, y dependiendo de las relaciones de apego que hayas construido en la infancia con tus hijos e hijas (apego seguro, evitativo o ambivalente), tendrás hijos adolescentes que serán más o menos capaces de sentir independencia, ganas de explorar fuera de su hogar, con iniciativa, que busquen nuevas relaciones, que experimenten, sabiendo que tienen un entorno seguro al que volver y donde no se les va a juzgar. Esta es una de las razones por las que la conexión con los padres y madres en la adolescencia se ve resentida. No es que se rompa (a menos que los progenitores realicen conductas muy dañinas), sino que se traslada a otro nivel de conexión: con sus iguales, con sus coetáneos, grupos de amigos y amigas.

En la medida en que tú, como madre, veas esto como una evolución natural del desarrollo de la persona adolescente, te servirá para dejar de controlar, dejar de estar siempre presente, querer saber constantemente todos los detalles de la vida de tus hijos, ahogándolos y agobiándolos incluso a veces. En esta etapa, conectar es saber soltar, paso a paso, con la confianza que has ido generando año tras año desde la infancia.

- A nivel adulto, sentir que pertenecemos a algún grupo social con otros adultos (un equipo, una familia, una empresa) es importante, genera sentimiento de orgullo y pertenencia; de hecho, en muchas empresas se fomenta mucho este sentimiento, puesto que hace que los trabajadores se sientan mucho más unidos por unos valores comunes y se puedan enfocar en ofrecer mayor valor a sus clientes.

La empatía. Falacias o peligros

Sentir conexión con los demás (habiendo desarrollado ya previamente la conectividad —recuerda lo leído en el capítulo 1—) nos hace trabajar una habilidad social vital, que es la empatía; es decir, intentar entender lo que les sucede a las personas que conviven contigo, que conoces, o incluso saber o intentar entender por lo que están pasando personas que vemos a través de las pantallas y que han sufrido desastres naturales o cualquier tipo de incidente.

Cuando te hablaba de resiliencia en el capítulo 2 acerca del cerebro, te hablé de la falacia de la empatía, porque la empatía tiene mucho peligro; en concreto, tres peligros.

¿Cómo? ¿Crees que la empatía es peligrosa? ¡¡Esto sí que no me lo esperaba!!

Siempre te han dicho que la empatía es la habilidad de ponerte en el lugar del otro, de caminar en los zapatos del otro, de sentir lo que la otra persona siente. Pero...

1. Con la empatía tienes que tener especial cuidado, puesto que, a veces, en ese afán de ser empáticos, podemos caer en la arrogancia. ¿Cuántas veces has escuchado la frase «Te entiendo, debe ser duro por lo que estás pasando», cuando en realidad quien te lo dice no ha pasado por esa experiencia vital (ya sea la enfermedad grave de un familiar, fallecimiento o cualquier tipo de crisis o trauma)?

   Es verdad que casi todos los expertos y expertas en maternidad te hablamos de validar la emoción de tus hijos y hablarles desde la empatía: «Entiendo que estés enfadado, porque querías ese juguete y te lo ha quitado ese niño...». Y a veces quizás entiendes cómo se siente el otro: ese calor en la cara cuando estás enfadado, o el dolor de cabeza que irrumpe cuando estás harta de lidiar con una situación; pero, en otras, solo lo puedes suponer, pero no lo sabes con certeza. Por lo que lo mejor que puedes decir es lo siguiente: «Lamento mucho que te sientas de esta forma. La verdad es que no puedo imaginar por lo que estás pasando ahora mismo, porque yo no lo he vivido, aunque sí veo que te estás sintiendo realmente mal. Solo quiero que sepas que estoy aquí para lo que necesites».

2. Otro de los peligros que conlleva la empatía es confundirla con la simpatía, tal y como nos explica Brené Brown en uno de los vídeos TED más vistos de la historia. La empatía es intentar ponerte en el lugar donde la otra persona se encuentra. La simpatía es quitarle importancia a

lo que le sucede, y sueles usar la frase «Al menos» como consuelo para lo que ocurre. Por ejemplo:

- Empatía: «Vaya, supongo que debe ser duro el que te estés divorciando». Simpatía: «Bueno, al menos ya sabes lo que es vivir en pareja».

- Empatía: «Debes estar pasándolo mal con ese aborto que has sufrido». Simpatía: «Bueno, al menos sabes que te puedes quedar embarazada».

La simpatía parece que intenta quitar hierro a las cosas, hacer de menos lo que le sucede a la otra persona. Con la empatía solo necesitas sentirte comprendido. En determinados momentos, no queremos consejos, no queremos dejar de sentirnos mal; simplemente queremos sentir que le importamos a alguien y que va a estar a nuestro lado si lo necesitamos, en silencio, acompañando nuestra emoción.

3. Por último, puedes llegar a dejarte llevar tanto por la empatía que al final acabes sufriendo mucho más por el tema en cuestión que el propio afectado. Por ejemplo, si estás en un funeral y, de pronto, ves que una persona allegada a la familia, que quizás no tenía tanta relación con el difunto, está llorando más que un miembro de la propia familia y que hasta la tienen que consolar a ella en lugar de ofrecer consuelo. Esto es importante tenerlo en cuenta cuando acompañas a personas, ya sea porque eres madre, padre, profesor, educador, etc. Te están observando, eres modelo de conducta, y lo que hagas establece un patrón que es posible que se perpetúe en el tiempo.

Escuchar sin hablar, sin dar consejos

Cuando hablo de empatía, lo que siempre sugiero es sostener la emoción sin dejarte contagiar por ella. No minimices la emoción ni tampoco la maximices. No te asustes, no te escandalices, no des consejos; simplemente, valida lo que siente la otra persona y, sobre todo, cree en lo que te está diciendo (por mucho que no llegues a entenderlo, no lo cuestiones). Estate presente y disponible, y, al mismo tiempo, deja que el otro transite la emoción que tenga que transitar y crezca a partir de su experiencia. Si en algún momento requiere tu ayuda, hazle entender que estás ahí, a su lado.

Así pues, un ejercicio muy bueno que te animo a practicar es el siguiente: la próxima vez que tu hijo o hija, tu pareja, algún familiar, compañero de trabajo, etc. te cuente algo que le está inquietando o que le entusiasme, procura no hablar (al menos, no demasiado). Limítate a escuchar y a estar realmente presente a lo que dice, observando sus gestos, su mirada, el tono de su voz... No interrumpas, no juzgues, no des consejos.

Y luego, reflexiona. ¿Qué te ha parecido? ¿Cómo te has sentido? ¿Tenías ganas de ofrecer tu opinión sin que te la pidieran? ¿Te ha resultado fácil? ¿Qué es lo que más te ha costado?

Como habrás podido comprobar, permanecer callados sin dar nuestra opinión es mucho más difícil de lo que al principio puede parecer.

Practicar la empatía debe partir de lo que has experimentado: dejar hablar, escuchar profundamente, no juzgar, no aconsejar y permitir que la otra persona se desahogue.

La fábula de *Las tres mariposas*

Te voy a contar la fábula de *Las tres mariposas*:

En un reino lejano vivían unas mariposas felices libando el néctar de las flores.

Un día, el rey de las mariposas vio a lo lejos una luz muy fuerte y quiso saber de qué se trataba. Así que envió a una de sus mariposas a que fuera hacia aquella luz y volviera con noticias sobre lo que era.

Al cabo de los días, la mariposa llegó nuevamente al reino y, cuando el rey le preguntó qué era esa luz, esta le contestó que no lo había podido descubrir, que no se había acercado tanto a la luz como para averiguarlo.

El rey, molesto, envió a otra mariposa para que averiguara qué era aquella luz que tanto le intrigaba. La mariposa marchó hacia la luz; pero pasaron los días y los días, y esa mariposa nunca regresó al reino.

El rey, preocupado, envió a una tercera mariposa porque quería saber qué se escondía detrás de aquella luz, y le exigió a la mariposa que le trajera noticias.

Al cabo de unos días, el rey divisó a la tercera mariposa, que se acercaba al reino con las alas un poco chamuscadas, y, cuando le preguntó qué había sucedido, qué era esa luz que se veía a lo lejos, la mariposa le contestó que era una gran vela encendida que desprendía luz y calor, y que, por haberse acercado un poco, se había quemado las alas.

La enseñanza de esta fábula nos permite distinguir tres formas de lidiar con las cosas en relación con la empatía:

1. Puedes ser como la primera mariposa, que no conectas demasiado, no te acercas lo suficiente como para realmente entender lo que le pasa a la otra persona. Puedes asimilarlo a lo que le pasa a tu adolescente cuando no te habla, cuando te ignora, cuando se mete en su habitación todo el día o cuando está de mal humor, y tú tampoco te interesas demasiado, porque piensas que son cosas de adolescentes y que se le pasará, o simplemente no le das importancia.

2. Puedes ser también como la segunda mariposa, que conectas demasiado, es decir, te sientes tan cerca de la vela que no eres capaz de distinguir tu realidad de la realidad del otro. Te acercas tanto que mueres quemada, ya que no has sido capaz de diferenciar tu dolor del dolor del otro.

Esto implica que, si tú no estás bien, tampoco puedes acompañar a tu adolescente. Si no te formas o informas, si no entiendes cómo funciona la infancia o la adolescencia, vas a enfadarte cuando tu niño tenga una «rabieta», vas a castigar una semana sin salir a tu adolescente cuando llegue tarde una noche, etc. No vas a poder separar tu emoción de la suya, y no vas a poder profundizar ni realmente entender qué le sucede a tu hijo.

3. Y por último, puedes ser como la tercera mariposa, que te acercas lo suficiente a tus hijos como para quemarte alguna vez, recibiendo malas contestaciones, algún portazo, alguna mala palabra, algún desaire, y, al mismo tiempo, estás lo suficientemente alejada como para comprender que no es algo personal contigo, sino que lo que estás viendo solo es el comportamiento, no la necesidad que no está siendo satisfecha en este momento. Tienes que darle su espacio, darle tiempo para que venga a contarte lo que le pasa cuando esté preparado y, sobre todo, confiar.

Si has creado un lazo genuino basado en el amor, respeto y confianza, no dudes de que habrás sembrado las semillas adecuadas, y tu hijo/hija adolescente se está convirtiendo en una persona con las habilidades adecuadas para afrontar las situaciones que se le planteen.

¿Cómo te encaja esto?

Hielo del iceberg

Ahora, después de la mariposa y el calor de la vela, voy a hablarte del hielo.

El hielo que tiene el iceberg es otra herramienta que te va a ayudar de forma visual a tomar conciencia de que, cuando estás observando un comportamiento, es exactamente solo eso: es lo que ves. Ves cómo se está comportando esa persona (tu pareja, compañeros, hijos...), no realmente lo que le está sucediendo. Y lo que no ves está en la profundidad, oculto bajo el mar.

«Una persona que se siente bien suele actuar bien.
Una persona que se siente mal suele actuar mal».

Es decir, si una persona siente bienestar, calma, serenidad o digamos que felicidad, esta tiende a ser positiva, a generar buen ambiente, criticar constructivamente desde la empatía que has leído hace un rato, alentar a las personas que la rodean, alegrarse por sus éxitos, compartir, colaborar, etc.

Por el contrario, cuando una persona no se siente bien, es posible que se dedique a criticar constantemente a los demás, a menospreciar sus logros, humillar, avergonzar, amenazar, castigar, etc.

Ahora bien, lo que ves en esa persona es lo que hace, su comportamiento (la famosa punta del iceberg); sin embargo, si solo te quedas en lo que hace, te vas a perder mucha información, no vas a averiguar realmente qué le ocurre a esa persona. Simplemente, pensarás: «Pero ¿qué bicho le ha picado al niño hoy?». O irás a juzgar (consciente o inconscientemente) a la persona: «Esta chica es una incompetente»; «Mi hijo es un torpe»; «Aquel alumno es un vago», etc.

Y admítelo. A ti también te ha pasado. Todos y todas hemos caído en esa trampa: hemos saltado a enjuiciar, encasillar y etiquetar a las personas cuando se han comportado de una forma determinada.

Es más fácil pensar que esa persona es «así o asao» porque no nos cabe en la cabeza que alguien «normal» actúe de esa forma.

¿Qué hacer cuando alguien no actúa como crees que debería?

Después de lo anterior, te voy a pedir que hagas un ejercicio un poco más consciente e intenso: la próxima vez que te encuentres con alguien que no actúa según tus estándares, según lo que tú estarías pensando, ten en cuenta tres pasos:

En primer lugar, no la juzgues. Deja la etiqueta, clasificación o insulto a un lado, y respira.

Por otro lado, sé compasiva. Es decir, por un momento, plantéate la posibilidad de lo siguiente: «*Wow*. Qué mal se debe estar sintiendo esta persona en este momento para que esté actuando de la forma en que lo está haciendo».

Y antes de pasar al tercer punto, toma perspectiva y piensa: «¿Es una persona que no voy a volver a ver en la vida? ¿Es una persona con la que tengo que tratar a diario? ¿Es mi superior?, ¿compi de trabajo?, ¿pareja?, ¿hijo o hija?».

Si se trata de una persona que probablemente no vuelvas a ver, reserva tu energía y quédate aquí, con compasión hacia esa persona. No malgastes tu tiempo ni tu energía en convencer a la otra persona o abrir diálogo. Si crees que el esfuerzo merece la pena, adelante, y, si no, simplemente no eches más leña al fuego, ni al suyo ni al tuyo.

Sin embargo, si es una persona con la que tienes que tratar a menudo o a diario, con la que deseas mantener un determinado tipo de relación mucho más consciente y productiva, pasa al siguiente punto, donde sí que te invito encarecidamente a que indagues sobre la necesidad no satisfecha que tiene esta persona para poder saber cómo actuar de la mejor forma y, en caso de que exista un conflicto o un desencuentro, poder solucionarlo.

«¿A qué te refieres, Adelaida? ¿Necesidad satisfecha? ¿Eso qué significa?». Pues son todas aquellas cosas que los seres humanos necesitan para poder desarrollarse plenamente.

Como este es un tema muy profundo y que te sirve de base para poder actuar de diferentes maneras en la resolución de los conflictos que se te plantean, he dedicado un capítulo entero a investigar y conocer las necesidades vitales en base a diferentes corrientes de pensamiento, siempre orientadas a la resolución de los problemas que te encuentras a diario en la crianza. Espero que de la lectura de ese capítulo 4 te lleves muchas estrategias que puedas poner en práctica nada más leerlas.

SENTIR QUE ERES CAPAZ

Otro sentir que tienes que tener presente es el de hacer sentir a tus hijos que son capaces de hacer las cosas: tanto las cosas que les pides como las cosas que se proponen.

Las personas, incluidos tus hijos, necesitan saber que pueden hacer lo que se les pide hacer. Cuando tu hijo se ve capaz, se siente empoderado; por tanto, muestra mayor autocontrol y, además, desarrolla autosuficiencia. Sin embargo, si cree que es incapaz, se siente inadecuado o fuera de sitio, por lo que habrá luchas de poder para hacerte saber quién manda, o bien te pedirá que hagas las cosas por él o por ella; paradójicamente, se vuelve aún más dependiente de ti. Si te das cuenta, es una forma de controlarte (manipularte) a ti o a los demás.

Esta manipulación, en principio, no es desadaptativa, sino que es una forma de corregir su sentimiento de incapacidad. Tú tienes que ser consciente de que, si constantemente te pide que hagas las cosas por él, es que no se siente capaz; por tanto, has de ponerle remedio: no lo menosprecies, no te rías de él, no lo humilles, no lo pongas en evidencia, y, si tienes que corregirle algo, hazlo en privado.

Y de forma práctica, ¿cómo solucionas esto?... Simplemente, dejándoles hacer. Solo teniendo en cuenta una premisa básica: mantén la seguridad física, psíquica y emocional de tus hijos e hijas; es decir, que la actividad que vayan a acometer no suponga un peligro para su integridad.

También puedes resolverlo promoviendo su valor, el coraje que albergan dentro de sí mismos. La valentía de atreverse a hacer algo, a probar, a experimentar, a pesar del temor a equivocarse, a fallar, a no ser perfectos, a exponerse ante los demás, etc.

¿Y qué pasa cuando tus hijos se frustran porque no se les da bien, o porque no saben hacerlo? Cuentas con el maravilloso poder del «todavía» que te explico en el capítulo 4 de las «Necesidades vitales».

SENTIR QUE CUENTAS

Habitualmente, en la crianza hay una tendencia muy arraigada en la que se cree que los padres sabemos todo lo que es mejor para nuestros hijos.

Esto, que en principio podría ser correcto, se transforma en una gran barrera en el desarrollo de los niños cuando constantemente les hacemos saber que nosotros, padres o madres, somos los que todo lo sabemos.

Los niños y niñas (y personas adolescentes) necesitan saber que son importantes, que sus ideas cuentan, que tienen una opinión que es respetada, que tienen la opción de elegir determinados aspectos de su vida, que pueden dar su opinión y que esta será tenida en cuenta.

Cuando perciben que son escuchados y tenidos en cuenta, se sienten valiosos, y esto se traduce en que contribuyen en los aspectos relacionados con el entorno, con la familia, con las tareas de la casa, con la sociedad, etc., y, además, se responsabilizan de sus actos.

Responsabilizarse de sus actos es una habilidad que los adultos debemos promover en ellos, desde pequeños: asumir tareas y aceptar que se han equivocado. Y cuando se equivocan, deben saber pedir perdón y asumir las consecuencias.

Tú, como adulta, sabes que no todas las decisiones en la vida son acertadas. Cuando no dejas que tus hijos decidan por sí mismos, no permites que «sufran» las consecuencias y, por tanto, los conviertes en personas totalmente desprendidas e irresponsables.

Pregúntate cómo crees que se siente tu hijo cuando nunca lo tomas en cuenta; cada vez que quiere dar su opinión lo ignoras; cuando le pides que se calle y se mantenga al margen; cuando le dices que son cosas de mayores y que no tiene ni idea; cuando afirmas que menuda tontería ha dicho, etc.

Se siente insignificante, que no vale, que no es importante, que no es tenido en cuenta. Puede sentir rabia, tristeza, soledad, vacío, desolación. Si se siente muy herido, tal vez actúe mostrándose orgulloso y altanero, haciéndose el importante, o incluso intentando devolver el daño.

Reconoce estos patrones de conducta en tus hijos y piensa si les pides opinión en algunas cosas. Ahora no te vayas al otro extremo y pienses que tienen que decidir si pedir una hipoteca o no; si vender el piso de la playa o alquilarlo, etc. Pero sí puedes preguntarles y considerar si prefieren ir a la playa el fin de semana, o si, por el contrario, quieren quedarse en casa. O si les gustaría comer en casa o salir a comer fuera. O decidir qué ropa ponerse, dar ideas para organizar los armarios, etc.

Sin quererlo, «haces de menos» a tus hijos, no solo en la infancia, sino especialmente en la adolescencia, cuando comienzan a separarse de ti, cuando empiezan a tener gustos diferentes, cuando cambian de estilo de ropa o música, etc.

Para finalizar este capítulo, recuerda que tus hijos quizás no recuerden lo que hiciste, pero seguro que van a recordar cómo les hiciste sentir.

Si les haces sentir bien, adecuados, importantes, capaces, será más fácil que tomen en cuenta lo que dices; podrás influir de forma más efectiva en sus comportamientos porque te respetarán al sentirse respetados.

CAPÍTULO 4
Necesidades vitales

En capítulos anteriores te he hablado sobre la importancia de indagar las necesidades que existen por debajo del comportamiento de las personas, especialmente de tus hijos, para poder utilizar estrategias mucho más efectivas y afectivas, y entender de verdad el comportamiento desde esa necesidad que no está siendo satisfecha.

Las necesidades vitales, por consiguiente, se pueden definir como aquellas «cosas» esenciales que cada persona tiene para sentirse bien, y pueden ser desde las necesidades fisiológicas básicas, como comer, dormir, beber, etc., a aspectos más complejos, como la necesidad de sentirse escuchado, atendido, respetado, que te comentaba en capítulos previos.

Te voy a enseñar tres perspectivas que a mí particularmente me parecen muy útiles y que puedes hacer en tu día a día.

Te permitirán saber desde dónde actuar y, sobre todo, cómo hacerlo (y además, ¡te pongo ejemplos muy prácticos!).

1. Maslow y su pirámide.
2. La SAL de la vida.
3. Comportamientos desesperados.

MASLOW Y SU PIRÁMIDE

La teoría de Abraham Maslow fue propuesta en 1943 en su libro *Una teoría sobre la motivación humana*, y es una teoría psicológica que ordena y clasifica los distintos aspectos de las necesidades del ser humano. Hoy en día no es tan aclamada, sobre todo en lo relacionado con la motivación, e incluso puede que esté algo pasada de moda; pero, para poder conocer y atender de forma primaria a tus hijos pequeños o adolescentes, te aseguro que te va a ayudar muchísimo.

Eso sí, siempre teniendo en cuenta que cada niño, cada adolescente, cada persona es diferente, que no podemos generalizar y que seguramente existan numerosas excepciones a la «norma»; pero, según vayas leyendo lo que te cuento, piensa si es posible que se ajuste a lo que sucede en tu hogar.

Cinco necesidades

Los humanos tienen fundamentalmente cinco necesidades:

1. Necesidades básicas o fisiológicas.
2. Necesidades de seguridad y protección.
3. Necesidades sociales o de afiliación (pertenecer).
4. Necesidades de estima o reconocimiento.
5. Necesidades de autorrealización.

Como en todos los apartados del libro, enfocaré el contenido a la crianza responsable, consciente y respetuosa para que puedas tener pautas de actuación en tu día a día.

Te las explico brevemente:

1. Necesidades básicas: son aquellas dedicadas a la supervivencia como especie; es decir, comer, dormir, desprenderte de los desechos, reproducirte, etc.

2. Necesidades de seguridad y protección: están relacionadas con la forma en la que se provee estabilidad para ti y para tu entorno (con una casa, un sueldo, con calma y tranquilidad en el hogar, pero también implica seguridad psicológica, como, por ejemplo, saber que tengo derecho a parar sin sentirme juzgada, derecho a equivocarme, derecho a ser como soy y seguir siendo digno de amor y respeto, etc.).

3. Necesidades sociales: en las que buscamos pertenecer a un grupo de semejantes (amistad, pareja, grupos, etc.). Cuantos más grupos sociales diferentes tengamos, mayor será nuestra protección frente al aislamiento o acoso.

   Por ejemplo: si a un chaval que solo pertenece a un grupo, por cualquier razón, comienzan a acosarlo, o este deja de llevarse bien con algún miembro de ese grupo, podría darse el caso de que le den de lado o que lo aíslen, o incluso tenga que aceptar cosas que no quiera aceptar por miedo al rechazo o, sobre todo, por encontrarse solo.

   Por el contrario, si tiene varios grupos en los que ya participa, si siente acoso en uno de ellos, siempre podrá sentirse acogido en otro, no tendrá que aceptar faltas de respeto o intimidaciones, puesto que podrá sentir que también encaja en otro grupo que sí lo acepta como es.

   Por eso, es importante que nosotros como padres los animemos a que hagan cosas diferentes. Está muy bien que tengan a su pandilla de siempre y que, al mismo tiempo, hagan más cosas (que se apunten a hacer senderismo, que hagan baloncesto, que aprendan a bailar...), primero, porque aprender cosas nuevas los va a hacer más resilientes y adaptativos; segundo, porque hará que aumente su autoestima al verse capaces de hacer cosas nuevas y diferentes, y, en tercer lugar, como te decía, porque los va a proteger de situaciones posibles de aislamiento/acoso.

4. Necesidades de reconocimiento: es una necesidad por la que las personas se sienten valoradas y contribuyen con

su presencia, sus comportamientos, sus ideas. Sienten que no solo son parte de algo (como en la necesidad anterior de pertenencia), sino que, además, son apreciadas. En este sentido existe una estima alta o baja.

- Estima alta: la relacionada con uno mismo, es decir, nuestra propia valoración sobre las cualidades o actitudes que tenemos: cómo me veo, cómo me valoro, la confianza que siento en mis capacidades, etc.

- Estima baja: más relacionada con la opinión que tienen los demás sobre nosotros, y también sobre el respeto que nos tienen.

¡Atención! No confundas la estima alta (foco dentro de mí) o baja (foco hacia fuera) con la autoestima alta o baja (me quiero mucho o poco). No tienen nada que ver.

5. Necesidades de autorrealización: es el peldaño más alto, relacionado fundamentalmente con la (auto) motivación y con la búsqueda de un propósito en nuestra vida. Este peldaño es el último y el más especial porque no siempre se da en todas las personas.

Seguro que te has encontrado con adolescentes o incluso con adultos que no saben qué hacer con sus vidas, que están desganados, que sienten ansiedad cuando tienen que asumir nuevas tareas, que están en un trabajo que no les aporta, que van de relaciones en relaciones sin disfrutar, que se anestesian con series de plataformas digitales, con bebidas alcohólicas o yendo de compras. Lamentablemente, este es un mal muy presente en nuestros días.

Y es que este último peldaño (el de la autorrealización o búsqueda del propósito vital) se da en algunas personas solo si todas las necesidades anteriores están cubiertas.

Por eso, y llevándolo al tema de la crianza RCR, es fundamental que animes a tus hijos a intentar hacer cosas, que tengan un espacio seguro en casa, que puedan decidir en algo (aunque sea la ropa del día, o sobre qué cenar: huevos o tortilla francesa). Podemos darles pequeñas responsabilidades según la edad (poner la mesa, doblar sus calcetines, sacar el lavavajillas, etc.), porque eso es favorable para su autoestima y hace que deseen autorrealizarse, tener metas o propósitos más allá de sí mismos.

Como te digo, ¿cuántos adolescentes ves que no tienen un propósito de vida más allá que estar tirados en el sofá, mirando al infinito, durmiendo sin tener ninguna meta, y piensas que son unos vagos? ¿Es posible que tu comportamiento como padre o madre no los haya alentado a tener un objetivo vital?

Pregúntate:

- ¿Criticas a menudo, sin poner el foco en lo que sí saben hacer bien?

- ¿Les dices que su opinión no es importante, o que se callen, que no tienen ni idea? («Esto es cosa de mayores»).

- ¿Cuentas con ellos para hacer algún plan (por ejemplo, el fin de semana), o eres tú la que decide lo que se hará?

- ¿Les haces saber que son capaces o que confías en ellos? Pero no con la boca pequeña. Tu boca dirá esas palabras, pero, si tu actitud, tu lenguaje no verbal y/o tu mirada no son alentadores, no te creerán.

Y en definitiva, si sienten que tú no confías, que los vas a juzgar, que los recriminarás con el «¿Ves? ¡Te lo dije!», no se sentirán seguros y jamás van a intentar buscar un propósito en la vida, porque en el fondo pensarán que no valen, que no saben, que no son capaces, que no confías en ellos, que son un estorbo.

Acuérdate de la triada pensar-sentir-hacer que te conté en la introducción. En el caso de tus hijos, no es lo que tú haces, es lo que piensan de sí mismos y cómo les haces sentir con lo que tú haces. Y desde ahí, pueden cambiar lo que piensan (del mundo o de sí mismos) y, en consecuencia, cambiar la forma de actuar.

Déjame que te cuente tres cosas sobre las necesidades:

1. *Si no se han satisfecho las necesidades inferiores, no se va a subir al siguiente nivel*

Revisa primero si tus hijos o hijas tienen sus necesidades básicas cubiertas, todas aquellas relacionadas con la supervivencia física inmediata (respirar, comer, temperatura, dolor, hidratación), y luego sube a los siguientes niveles (búsqueda de seguridad, protección, pertenencia, etc.).

Te pongo un ejemplo:

Cuando tu bebé recién nacido llora, lo primero que haces es comprobar si tiene hambre, si tiene pis o caca en el pañal, si tiene frío o calor (necesidades del primer peldaño —las básicas—), y quizás se calme. O quizás no. Entonces, lo tomas en tus brazos, lo acunas, lo arrullas, le cantas…, y se tranquiliza. Ahí comprendes que su necesidad básica que no estaba siendo satisfecha no era una básica, sino que necesitaba seguridad, protección, contacto contigo.

A veces, cuando el bebé ya ha crecido un poco, ya busca el contacto con otras personas, además de con la mamá como persona de referencia primaria, con sus abuelos, familiares, cuidadores. Incluso en la niñez busca a sus amiguitos o compis de clase con los que jugar y divertirse. Y cuando no le dejas quedarse en el parque con sus compis de clase, estás atentando contra su necesidad de pertenencia, y entonces se enfada, grita y patalea (porque, vale, no quiere irse, pero porque está pasándolo bien, formando parte de un grupo de compis).

En otra ocasión quizás tu hija está montando en bicicleta y todo el tiempo te dice: «¡Mamá, mírame! ¡Mira cómo lo hago! ¡Mira cómo giro! ¡Mira cómo me subo a la bici!», y tú tal vez quieras seguir leyendo o hablando con una amiga. Piensa que, en ese momento, tu hija está buscando que la necesidad de aprobación externa se satisfaga.

Aquí te voy a adelantar que no tienes que estar alabando a tus hijos constantemente, porque los harías adictos a tu aprobación (o a la aprobación externa), sino, más bien, alentándolos.

Y ahora, me dices: «¿Alen... qué? ¿Qué es eso?... ¿Cómo lo hago?». Sigue leyendo, que un poco más abajo te lo explico.

Otro día llegáis tarde al colegio, y tu hijo se enfada mucho contigo cuando no le dejas abrocharse el abrigo, quiere hacerlo él solo porque necesita autorrealizarse, pero en ese momento tú se lo estás negando.

Sí, tú sabes que llegáis tarde, pero, para él, llegar a tiempo en ese instante no es una necesidad, a él le da igual. Tú sabes que vives en sociedad y tienes que cumplir unos estándares de convivencia (tendrás que ir poco a poco enseñándoselo), pero ese día en concreto tu hijo necesita autorrealizarse.

¿Eres capaz de reconocer situaciones en las que los comportamientos de tus hijos se ajustan a la necesidad de cubrir estas necesidades (valga la redundancia)?

Si utilizas esta pirámide y el resto de herramientas que te explico en el libro, podrás adelantarte y disfrutar de más calma y serenidad en tu hogar. ¡Garantizado!

2. *Las personas solo nos movemos si las necesidades no están siendo satisfechas*

Si nuestros hijos están bien, no generan acción; pero si les falta alguna de sus necesidades, ahí es cuando se activa el comportamiento. Es decir, si tu hijo no tiene sueño porque ha dormido una siesta demasiado larga, probablemente esté feliz en su cuarto jugando durante horas o paseando por la calle. Ahora bien, en el momento en que comienza a sentir sueño o hambre, empieza a cambiar su comportamiento: quizás tire los juguetes, no los quiera recoger, grite a su hermano o a algún amiguito, etc.

Tener esto en cuenta te facilitará en ocasiones la crianza. Por ejemplo, cuando son más pequeñitos, lleva siempre una botella de agua y un *snack* para que pueda comer; asegúrate de que tu hijo descansa de forma adecuada; baja el ritmo cuando hayan transcurrido unas horas desde que no descansa. Y a medida que va creciendo, sube por los escalones de la pirámide y vela porque sus necesidades estén cubiertas; por ejemplo, que esté seguro de que lo vais a querer aunque se equivoque, que se sienta que participa en alguna decisión, que le dais libertad para hacer determinadas cosas, etc.

3. No todas las necesidades son innatas

Solo las necesidades del primer peldaño nacen con nosotros; el resto van apareciendo según nos vamos relacionando de forma saludable con los demás seres humanos.

Por eso, te comentaba que, cuando son pequeños, te asegures de que sus necesidades del primer peldaño siempre estén cubiertas, pues te ahorrarás muchos disgustos. A medida que tus hijos vayan creciendo, cubrir esas necesidades será un poco más complicado. ¡Adiós, niñez! ¡Hola, adolescencia!

En la adolescencia no necesitarán que los duermas (aunque, por favor, asegúrate de que duermen las suficientes horas —ojo con los excesos y abusos de pantallas y/o nuevas tecnologías—). Tampoco necesitarán que los alimentes, pero ayúdalos a mantener una dieta equilibrada (no solo de procesados pueden vivir los adolescentes). No querrán que los protejas, ya no querrán pasar tiempo contigo, ni tener tanto contacto físico; ya no «necesitarán» pertenecer al grupo familiar porque querrán pertenecer a su grupo de iguales. Todas esas necesidades ya las estará cubriendo por sí mismo, o bien en otro sitio, fuera del hogar.

Por eso, en la adolescencia, para buscar una identidad propia alejada de ti, te rechazan, rechazan tus palabras, tus besos, tus abrazos. Entonces, ¿qué puedes hacer?

Si te das cuenta, si bien tus hijos pequeños necesitan reconocimiento y aprobación, este es un reconocimiento mucho más externo (estima alta); buscan al adulto o a sus iguales para sentirse aprobados.

Por ese motivo es importante que, durante toda la infancia, trabajemos para que ellos se aprecien y se valoren por sí mismos. Esto lo conseguimos a través de las preguntas y haciéndoles pensar cómo se sienten consigo mismos, con un dibujo que han hecho, una actuación, un partido de fútbol, una merienda que hayan preparado, etc.

Su primera pregunta casi siempre será la siguiente: «Mamá/papá, ¿te gusta esto que he hecho?».

Nos han hecho creer que alabarlos o decirles cosas buenas los va a volver adictos a la aprobación externa, y, aunque es cierto que esperar que siempre desde fuera nos digan lo bien que hacemos las cosas fomenta una actitud de complacencia, tampoco podemos no decirles las cosas que hacen bien. Y entonces, recurrimos a frases como: «Si a ti te gusta, a mí me gusta»; «¿Y a ti? ¿A ti te gusta?»; «Lo importante es que te guste a ti».

Tu hijo o hija solo quiere saber si te ha gustado. Díselo: sí o no. Pero no te quedes ahí. Aprovecha esta etapa (infancia/adolescencia) y enséñales a dar y recibir *feedback* constructivo.

Pero ¿qué es el *feedback*?

Opinión y *feedback*

El *feedback* es, por decirlo de forma sencilla, una opinión que alguien tiene sobre algo.

Y entonces, ¿por qué no lo llamas «opinión»? Porque la opinión es mi punto de vista, es como yo interpreto la realidad. Digo lo que pienso e, independientemente de lo que la otra persona pueda hacer por cambiar la situación, yo lo suelto sin que me lo hayan pedido. Muchas veces hace daño, porque la persona que recibe mi opinión no puede hacer nada con ello, y eso en demasiadas ocasiones genera mucho malestar.

En cambio, el *feedback* es la comunicación (lo más objetiva posible; es decir, información basada en hechos reales y observables, o en datos comprobables) que doy, en este caso, a mi hijo o hija cuando me ha preguntado (es fundamental que nos haya pedido la «opinión» o el *feedback*) sobre algo que yo he observado, con una intención constructiva, orientada a que la otra persona pueda cambiar o mejorar, e indicando lo que ha significado para mí. Es decir, el *feedback* debe ser pedido y consentido entre ambas partes. Si explícitamente tus hijos no te han preguntado «¿Te gusta esto?», o «¿Qué piensas de esto?», o «¿Qué te parece?», por favor, no digas nada.

Sin embargo, si tienes la imperiosa necesidad de dar tu *feedback*, por favor, prueba a preguntar de la siguiente manera:

- *Ejemplo 1.* Así, sí: «¿Te puedo decir cómo puedes hacer la redacción más clara?». Así, no: «Con esos tachones en la redacción, la profesora no se va a enterar de nada».

- *Ejemplo 2.* Así, sí: «¿Te puedo comentar una cosa sobre la ropa que te has puesto hoy para ir a clase?». Así, no: «¿Vas a ir con esas pintas a clase?».

- *Ejemplo 3.* Así, sí: «¿Me avisas cuando tengas un momento? Me gustaría comentarte una cosa sobre la pelea que tuviste con tu hermana antes». Así, no: «Que sea la última vez que le quitas el mando de la televisión a tu hermana cuando está viendo algo».

Como ves, la forma en la que preguntas o pides permiso para dar el *feedback*, si no te han preguntado, es fundamental si quieres tener un diálogo efectivo con tus hijos e hijas.

Y sí, tienes que invertir tiempo y aprender cómo se hace. Por eso, aquí te doy unas claves importantes acerca del *feedback*:

- El *feedback* se basa en hechos observables o en datos, pero nunca en juicios. Por lo tanto, di lo que ves, no lo que tu emoción te está diciendo.

  Siguiendo con los ejemplos anteriores: «He visto que tienes dos tachones en la redacción. ¿Quieres que te diga cómo puedes hacerla más limpia y clara?».

«Esas pintas» es un juicio de valor, cualquier observador neutral no sabría qué significa «Esas pintas». Quizás puedes especificar más: «He visto que te has puesto los vaqueros ajustados, y hoy tienes Educación Física»; «He visto que la camiseta que llevas tiene dos manchas del desayuno en la manga», etc.

- El *feedback* siempre tiene intención constructiva. El fin último de otorgar un *feedback* es la capacidad de mejora. Cuando recibes o das un *feedback*, la intención siempre es desde la «posibilidad de cambio o mejora», es decir, que, con eso que aportas, la otra persona puede crecer.

  Pero, ojo, no utilices el *feedback* para encubrir una opinión/juicio y ser «sincericida»: «Mira, he visto que vas a elegir una carrera en la que te vas a morir de hambre porque no hay salidas; así que, «por tu bien», mejor dedícate a otra cosa». Si en algún momento tienes la tentación de soltar la frase «Esto lo hago (te lo digo) por tu bien», piensa antes de hacerlo si en realidad es una opinión y te la podrías guardar.

- El *feedback* se puede aceptar o no. Puedes dar una información constructiva sobre aquello que tú, basándote en hechos objetivos y observables, crees que puede hacer que tus hijos mejoren, pero ellos tienen la última palabra. Pueden agradecerte el *feedback* y tomar medidas para mejorar, o también decirte: «Me gusta cómo lo hago yo», o «Prefiero hacerlo de mi forma», o «No me vale tu aportación», y debes aceptarlo.

- El *feedback* solo es válido si lo recibimos de una persona a la que admiramos y/o respetamos. Por tanto, si tus hijos no te admiran ni te respetan, tu aportación no servirá de nada, porque le harán caso omiso.

  Tu propósito como padre, madre o adulto de referencia será intentar ser una persona a la que tus hijos admiren, respeten; a la que sientan ganas de contarle cosas, de compartir sus experiencias, porque saben que tu aportación siempre les va a multiplicar y jamás restar.

- Por último, el *feedback* también implica hacerle ver a la otra persona cómo te ha hecho sentir su comportamiento, o eso sobre lo que te piden *feedback*. Esta quizás es la parte en la que nuestro ego juega un papel relevante.

Cuando hablas de algo importante para la otra persona pero para ti es indiferente, o viceversa, tienes que dejar de lado tu orgullo y recordar que hablas sobre una cosa (una situación, un dibujo, un regalo, un algo llamémoslo «X»), y no sobre la valía de la otra persona. Nuestra valía (o la de otra persona) jamás se pone en tela de juicio. Eso siempre debes tenerlo presente.

Y para verificar, lo mejor es utilizar preguntas con las que puedas asegurarte de que entiendes la intención de la otra persona, o incluso que te entienden a ti. No supongas y atrévete a preguntar.

«*Entre lo que pienso,*
lo que quiero decir,
lo que creo decir,
lo que digo,
lo que quieres oír,
lo que oyes,
lo que crees entender,
lo que quieres entender
y lo que finalmente entiendes...,
existen nueve posibilidades de no entendernos».

Veamos algunos ejemplos:
Tu hijo te dice: «Mamá, papá, ¿te ha gustado "X"?».

Posibles respuestas:

- «Me gusta este dibujo porque has utilizado muchos colores. ¿Me cuentas por qué elegiste esos? ¿A ti te gusta?».

- «A mí no me ha gustado el partido porque me ha parecido que no has compartido el uso del balón. ¿O es que el entrenador os hizo hacer esas jugadas?».

- «Me gusta la poesía que has escrito. ¿En qué o en quién te has inspirado?».

- «No me gusta demasiado el sándwich que me has hecho porque está muy dulce, aunque sé que a ti te gusta mucho el chocolate y lo hiciste para agradarme, ¿verdad?».

- «Me encantó lo bien que has bailado, me ha parecido que has disfrutado mucho. ¿Es así?».

Entrenando cómo reciben y dan *feedback* les estás otorgando una herramienta poderosa para su futuro; no tengas ninguna duda de ello.

Tu trabajo como madre no es hacer que tus hijos estén felices todo el tiempo diciéndoles cosas agradables y bonitas para que se sientan bien, porque a veces les estarías mintiendo, muy pocas personas hacen todo bien a la primera.

Es cuestión de hacerles ver que nosotros nos hemos dado cuenta de que se han esforzado; que le están poniendo atención e intención, y que a veces incluso, a pesar de todo el esfuerzo, es posible que no obtengan el resultado deseado. Aun así, aliéntalos a seguir intentándolo, con disciplina, con paciencia y, quizás, con nuevas estrategias.

«No le evites la frustración de un fracaso o un fallo. Sí dale herramientas para superarlos».

¿Qué sucede en la adolescencia?

Si en la infancia, como padres y madres, has estado trabajando y fomentando la aprobación interna, sobre todo, y la externa mediante el *feedback*, en la adolescencia la necesidad de aprobación externa despunta.

En esta etapa hay una gran crisis en cuanto a su autoestima (lo que yo me quiero, siendo como soy) y autoconcepto (lo que pienso sobre mí misma) en términos generales, y buscan la valoración externa de sus iguales, de forma a veces casi desesperada.

Tú, como madre o como padre, le dirás a tu hijo que es guapo, fuerte, alto, valiente; pero, como sienta que la persona que le atrae no le hace ni caso (de la que de verdad quiere tener aprobación), ya le puedes poner un cartel luminoso en medio de la Gran Vía diciéndoselo, que no le va a servir de nada.

Por eso, es importante que sigas trabajando en fortalecer ese reconocimiento a nivel interno grande, la estima alta, basado en lo que ellos piensan de sí mismos, porque, si bien es cierto que en esta etapa sufren una crisis de amor propio y confianza en sí mismos, el camino adecuado es seguir poniendo ladrillos a esa pared y fomentar su propia valoración.

Tu adolescente busca una identidad propia, separada y diferenciada de ti; además, quiere ser autónomo e independiente; deja de relacionarse contigo de forma eficaz porque, ya no es el niño o la niña que te complacía la mayor parte del tiempo y que anhelaba ser querida y agasajada por ti.

Entiende que es un proceso que lleva tiempo y que es normal. Ofrece un espacio de confianza y, a la vez, de seguridad en el que tú pasas a un plano muy pasivo, tu tarea ahora es «estar ahí» sin entrometerte.

Aquí te recomiendo varias cositas:

- Utiliza la asertividad como guía: respétate a ti mismo/a como adulto de referencia y respeta a tus hijos como personas que están buscando su lugar. Recuerda que la asertividad es un pilar básico en la crianza RCR.

- Mantente firme en cuanto a las normas. Ahora bien, es momento de revisitarlas y adaptarlas a las nuevas circunstancias. Deja que participe, que se sienta incluido, que se sienta escuchado, y, al mismo tiempo, sé amable en la comunicación con tus hijos. Y en ambos casos, no te olvides de ser flexible: busca la mejor forma de adaptarte a las nuevas circunstancias.

- Practica mucho la paciencia. Para ello, apela a tu adolescencia, a cómo te sentías con su edad, y comprende lo que está pasando por su cabeza y su cuerpo.

- Dialoga, desde la serenidad, desde la confianza, desde el escuchar y comprender, desde la empatía. Permítele ser, e incluso dile que hay cosas que no entiendes y que quieres que te cuente.

- No seas un «to-lo-sa» (un «todo lo sabes»); eso lo incomoda y le frustra mucho, y solo conseguirás que se cierre en banda.

- Dale muestras de amor en privado y dile que es tu necesidad, que lo sigues queriendo y que un beso o un abrazo al día es una condición indispensable para ti. Llegad a un acuerdo en esto también.

- No olvides que tu persona adolescente sigue necesitándote, a pesar de su rechazo. No pagues con la misma moneda, tú eres el adulto preparado para lidiar con esto; en cambio, él o ella está experimentando, está buscando su lugar en el mundo y en la familia, por lo que necesita mucho apoyo. Sé hogar seguro.

«Quiéreme cuando menos lo merezca,
porque será cuando más lo necesite».

133

En cuanto a su estima baja (es decir, la necesidad de aprobación externa de sus iguales de la que te hablaba antes), ahora, más que nunca, buscan cómo obtener el respeto de sus amistades, de su pareja, incluso de ti. Sí. Aunque los veas protestando, peleando y renegando de lo que les dices, es una forma de lograr que tú también los aprecies por sus ideas propias —alejadas de las tuyas—; es una forma de testear lo que piensas de ellos, y este caso lo tienes muy fácil: acude a todo aquello que les proporcione reconocimiento.

¿Cómo conceder reconocimiento?

Lee más abajo y dime si te recuerda a algo.

- Básate en hechos que se puedan observar, no en juicios. Por ejemplo: «Tu habitación está hecha un desastre» es un juicio; sin embargo, «La ropa está tirada en medio de la habitación; la mesa tiene cuadernos y lápices fuera de sus cajas; los cajones están abiertos; hay papeles arrugados fuera de la papelera» son hechos que puedes ver.

- Distingue si lo has de hacer en público o en privado. Dependerá del carácter y personalidad de tus hijos. Algunas personas sienten tanta timidez que preferirán que las palabras de aliento sean en privado, y a otras, en cambio, les gustará un reconocimiento más público.

- Busca el momento adecuado, deja que tu hijo o hija saboree tu apreciación. No lo hagas mientras estáis viendo una serie, o cuando está estudiando, o a punto de hacer una llamada; busca en familia momentos fijos para realizar apreciaciones (en la reunión familiar —mira en el capítulo 6—). Y si no, en un momento de calma en que estéis tranquilos y realmente presentes.

- No hagas una fiesta cuando le vayas a reconocer algo, ni le otorgues un premio material, no es necesario. Es más, si lo haces, que sea algo muy excepcional.

- Fíjate en el proceso, no en el resultado. Por ejemplo: «He visto lo mucho que te has esforzado este curso para conseguir aprobarlo; tienes que estar muy orgulloso de ti mismo». O bien: «He visto lo mucho que te has esforzado con esta asignatura y que has puesto interés, y, aun así, no has conseguido aprobar. ¿Qué necesitas?, ¿un apoyo extra durante un tiempo? ¿Cómo te puedo ayudar?».

En cuanto a este último punto, muchas personas me decís: «Adelaida, no aprueba la asignatura, que es su único trabajo, porque no le pido nada más, ¿encima me dices que tengo que ser comprensivo? ¡Ni hablar! ¡Por ahí no paso!». De este modo piensas que te vacilan, que hacen lo que quieren contigo o con tu pareja, y yo siempre digo que una nota es una puntuación que alguien da a tus hijos sobre unos conocimientos que quizás no están preparados para adquirir.

Si han puesto de su parte, además, no les hagáis sentir peor, porque sentirán vergüenza, que no están a la altura de tus expectativas, que son tontos o que te han decepcionado. No los manipules con la culpa, porque pensarán que para qué se van a esforzar la siguiente vez, si no los vas a entender y les vas a «echar la bronca hagan lo que hagan».

¿Y qué pasa si efectivamente no han puesto interés?, ¿si realmente les da igual?, ¿si «pasan» de sus tareas y no les importa lo más mínimo aprobar o no? Y quien dice aprobar dice también no asumir otras responsabilidades que podéis haber establecido con ellos.

Entonces, te pregunto: ¿cómo andan tus hijos de motivación intrínseca? (Si no te acuerdas, acude al capítulo 1, donde te hablaba sobre cómo fomentar las habilidades de tus hijos. E incluso revisita los peldaños de las necesidades de la pirámide de Maslow):

- ¿Tus hijos están durmiendo bien?
- ¿Se están alimentando bien?
- ¿Se sienten en un entorno seguro?

- ¿Se sienten cómodos en el entorno donde se mueven?, ¿en casa?, ¿en la escuela?
- ¿Se sienten válidos?, ¿capaces?
- ¿Cuentan con tu apoyo, es decir, tu reconocimiento, o el de las personas que los rodean?

Si estas necesidades no se han cubierto, les dará igual la autorrealización; no encontrarán la motivación para hacer lo que «supuestamente» tienen que hacer; no pensarán más allá del momento presente, el futuro les dará igual.

La palabra *gracias*

La palabra llave del reconocimiento es *Gracias*. Dales a tus hijos el reconocimiento que se merecen. Es decir, expón un hecho positivo que hayas observado y agradécelo.

Estos son algunos ejemplos:

- «He visto que has llevado la ropa sucia al cesto. Muchas gracias».
- «Muchas gracias por recoger la mesa».
- «Me he dado cuenta de que esta mañana ayudaste a tu hermana con las tareas. Gracias».
- «Me ha parecido que has sabido manejar fenomenal la discusión con tu padre. Gracias por no haber perdido los papeles».

Piensa en tu día a día. ¿Te fijas en todas las cosas buenas que hacen tus hijos, o solo estás «echándoles la bronca» por las cosas que hacen mal?

«Estás reforzando las conductas a las que prestas atención».

¿De qué otras formas puedes darles reconocimiento?

- Reconoce que tu hijo o hija tiene buenas ideas: «Anda, no se me había ocurrido eso. Me parece una buena idea lo que dices».

- Fíjate en las cosas que hace bien (si tienes que corregir algo, por favor, siempre en privado y conectando primero): «He visto que hoy no has protestado cuando te dije que íbamos a visitar a los abuelos».

- Aliéntalo a que siga haciendo lo que está haciendo, expresando cómo te hace sentir: «Me siento feliz cuando me das abrazos sin venir a cuento».

- Interésate por «sus cosas» (música, series, amistades…), sin juzgar y sin dar tu opinión (a menos que te la pidan): «¿De qué va esta serie? ¿Qué te parece? ¿Quién te la recomendó?»; «La música K-pop es muy conocida, ¿tú la habías oído?».

- Valora sus opiniones, considéralas; hazlos partícipes en las decisiones de la familia: «¿Dónde vamos de vacaciones este año?»; «¿Qué restaurante elegimos para el fin de semana?».

LA SAL DE LA VIDA

Otra forma de analizar y profundizar en el comportamiento de tus hijos para conocer realmente qué les sucede y responder desde el conocimiento y la tranquilidad, en lugar de simplemente reaccionar a lo que ves (su conducta), es la SAL de la vida.

Estas tres letras son el acrónimo de tres necesidades psicológicas, y a mí me han dado muchas claves sobre los comportamientos de mis hijas y me han mostrado el camino sobre lo que tenía que hacer en determinadas situaciones.

Las tres necesidades son seguridad, amor y libertad. Y sus némesis, que, como ves, son emociones: miedo, tristeza e ira.

Estas emociones, culturalmente, no han sido bien aceptadas, y además, en ocasiones, las han denominado «emociones negativas». Con lo que, cuando sientes una emoción negativa, además, la persona siente que no es adecuado eso que está sintiendo.

Afortunadamente, hoy en día, cada vez más se está escuchando eso de que «todas las emociones son válidas»; que tenemos que permitir sentir todas las emociones, transitarlas; aprender qué nos quieren decir y aprovecharnos de saber esto a nuestro favor.

Quizás puedes cambiar la expresión «emoción negativa» por «emoción desagradable», porque a nadie le agrada estar enfadado, triste, o sentir miedo.

Así que, en este apartado, si todavía no lo habías escuchado nunca, déjame recordarte que todo lo que sientes es perfectamente válido; por tanto, todo lo que sienten tus hijos es perfectamente válido, lo que quizás no es adecuado es la forma en la que expresan esa emoción, y tú, como padre o madre, tienes que enseñarles el camino.

Una vez matizado esto, te enseño cómo utilizar estas emociones «desagradables» en tu propio beneficio en la crianza RCR.

NECESIDADES PSICOLÓGICAS	NÉMESIS
Seguridad	Miedo
Amor	Tristeza
Libertad	Ira

Como ya te he comentado, todas las personas, incluidos tus hijos, necesitan estas tres cosas: seguridad, libertad y amor.

Dependiendo de si esta necesidad está cubierta o no, te encontrarás con tres emociones muy fáciles de distinguir y que, reconociéndolas en tus hijos, podrás actuar de una forma que sirva de antídoto y facilite la reconectividad.

Miedo vs. seguridad

Cuando tus hijos sienten miedo, quizás sea porque no les has facilitado entornos de seguridad; quizás has sido una persona que ha favorecido el miedo, los «¡¡Cuidado!!»; «¡No hagas eso, que te vas a caer!»; «¡No te subas ahí!»; «¡No corras tan rápido!»; «No salgas por esa zona»; «No sé si esa carrera que pretendes estudiar es muy dura para ti», etc.

Quizás tú eres una persona insegura y se lo has transmitido a tus hijos. Si todavía no es el caso, genial, guárdate tus miedos y «trabájatelos». No permitas que tus propias inseguridades se vuelquen en tus hijos.

Todos tenemos miedo de vez en cuando. Lo importante es saber a qué y buscar las mejores formas de afrontarlo.

El miedo nos está protegiendo, y, en cierto modo, es saludable sentir miedo; el problema surge cuando es desadaptativo y no nos permite disfrutar de la vida, sino que nos mantiene en una situación de angustia permanente.

Si tus hijos no se atreven a hacer cosas, a conocer personas, a jugar con otros niños, a probar…, primero y ante todo, ten paciencia. No todas las personas son iguales; no todas las personas necesitan estar rodeadas de otras. Respeta los ritmos de cada uno de tus hijos, quizás ellos se sientan felices con cómo están relacionándose con los demás, y es a ti a la que te gustaría que tuvieran más amistades, fueran más atrevidos, experimentaran más cosas, etc.

Por otra parte, si habiendo observado a tus hijos crees que puede ser algo ya recurrente y quizás no adaptativo, entabla una conversación con ellos: habla de tus miedos, cuéntales alguna experiencia en la que tú sentiste miedo y cómo lo superaste. Y si no tienes ninguna experiencia, ¡invéntatela! ¡Sí! La maternidad es una oportunidad excelente para fomentar todas tus habilidades, incluso la creatividad; así que inventa una historia en la que hayas sentido miedo y cuéntales cómo lo venciste y cómo te sentiste una vez que lo superaste. Diles que te hagan preguntas, pregúntales tú a ellos y tened un diálogo fluido y tranquilo.

Tristeza vs. amor

Si tus hijos sienten frecuentemente tristeza, piensa qué pueden haber perdido (ya sea algo físico o algo intangible), y también investiga si están sintiendo amor incondicional por tu parte, o si, por el contrario, tu amor está condicionado a lo que les exiges constantemente (que se comporten bien, que saquen buenas notas, que hagan sus tareas, que colaboren en casa, etc.).

Un niño, niña o adolescente está triste cuando no ha sentido ese amor incondicional, cuando está pensando que cualquier cosa que haga nunca será suficiente, que no será lo suficientemente bueno para complacernos a nosotros, padres y madres, y esa tristeza lo va corroyendo.

Se trata de un dolor emocional muy grande; de hecho, existen estudios científicos llevados a cabo en los que se ha visto que el cerebro siente el dolor emocional de igual forma que el dolor físico. Cuidado con esta tristeza en prolongados periodos de tiempo, porque pueden entrar en cuadros depresivos profundos de los que es complicado salir.

Como madre, y desde ahora mismo, ¿qué puedes hacer para subsanar esa tristeza? Si es por una pérdida, material o psicológica, tienes que «estar» presente y no «evitar» el dolor.

Tus hijos necesitan transitar el dolor de una pérdida. Necesitan recogerse y pasar por ese trance que supone una pérdida; sería patológico que les diera igual que un amigo sufriera un accidente, o si un familiar querido falleciera. Puede sufrir si un amigo deja de hablarle, porque también es una pérdida.

Es un proceso de curación que lleva tiempo, y necesitas darles espacio. Como te digo, tu única misión en ese momento es «estar». Si haces introspección y te das cuenta de que lo que sienten es tristeza porque notan esa falta de amor, revisa cómo estás actuando y asegúrate de que el mensaje de amor incondicional llegue a ellos cada uno de los días. Todos los días.

- «Cariño, te quiero, eres importante para mí, siento si nos hemos enfadado, sigo queriéndote igual».
- «Sabes que, aunque pensemos diferente, sigo queriéndote».
- «Aunque hoy no te haya hecho mucho caso, no olvides que eres muy importante para mí».
- «No entiendo nada de lo que me cuentas, pero, si para ti es importante, me gustaría que me siguieras contando».

¿Hace cuánto no les dices algo así a tus hijos? ¿Qué otras frases podrías decirles? ¿Qué frases te hubiera gustado escuchar a ti en tu infancia o adolescencia?

Ira vs. libertad

Por último, si sientes que tus hijos e hijas tienen repentinos ataques de ira, están enfadados la mayoría del tiempo contigo, con el mundo en general (pero lo pagan contigo), revisa la libertad que están teniendo a nivel global. ¿Ejerces demasiado control sobre ellos? ¿Los dejas decidir en ocasiones?

En la adolescencia la emoción de la ira es bastante frecuente, por su cambio en el *statu quo*; pero también, si tu hijo aún es pequeño y tiene ataques de ira, echa un vistazo y plantéate las siguientes preguntas:

- «¿En qué medida estoy dejando que mi hijo decida algo en su día a día?».
- «¿Puede escoger qué ropa ponerse?».

- «¿Elige a veces qué cenar por la noche?».
- «¿Puede decidir cuándo bañarse?».

Aquí, muchos papis y mamis me decís: «Adelaida, es que, si los dejo hacer y decidir a ellos, entonces no hacemos nada, porque, cuando les pregunto "¿Quieres bañarte ahora o después?", me dicen que quieren seguir jugando, esa es su decisión».

Y es perfectamente entendible, ¿no? Si se lo están pasando bien, quieren seguir disfrutando, y nosotros, los aburridos adultos, vamos a hacer que se tengan que bañar, recoger los juguetes, poner la mesa, etc., con lo tediosas que son todas esas tareas... Porque, cuando tú estás viendo la tele y tienes que sacar la lavadora, ¿qué dices? «Buff, qué pereza, qué rabia, qué mal. ¡Con lo bien que estaba ahora!».

Pero esto no acaba aquí: «Y luego, cuando por fin conseguimos meterlo en la bañera y parece que la cosa va bien, ¿qué ocurre? Que el agua está fría y tenemos que sacarlo; pero en ese momento ya no quiere salir, y otra vez protestas, peleas y gritos. Esto es un sinvivir».

Ten en cuenta que, muchas veces, la actitud del adulto es la que determina cómo responden o cómo reaccionan los hijos ante las situaciones. Si tú eres el primero que protestas cuando tienes que hacer las cosas, es mucho más probable que tus hijos te copien (porque educas con tu ejemplo). Así que, cuando estás protestando porque tienes que poner la lavadora, cuando estás mosqueada porque otra vez tienes que preparar la cena, o cuando dices que estás harta de poner y quitar la mesa, ¿qué crees que están viendo tus hijos? Protestas y más protestas. Porque ¿quién en su sano juicio querría hacer una tarea que papá y mamá consideran aburrida?

Y lo mismo te digo respecto al trabajo. Si te pasas el día protestando porque tu trabajo es aburrido, porque estás harto de tu jefe, que no hace más que «mangonearte», porque menudo horror la mañana de reuniones que llevas, y luego, cuando hablas con ellos, les dices: «Tú estudia para poder tener un trabajo y ganar dinero», pensarán: «¿Para qué voy a estudiar?, ¿para estar «amargado» como mi padre? Quita, quita».

Esto que te cuento es muy duro, por eso te pido que prestes mucha atención a cómo te comportas delante de tus hijos.

Repito:

«Educas con tu buen y tu mal ejemplo».

No se trata de mentir o fingir, se trata de ser conscientes de que nuestra forma de interactuar con el mundo se convierte en una base sobre la que nuestros hijos copian y empiezan a interactuar.

Aquí te dejo dos estrategias para que tus hijos, más pequeños, tengan algo de libertad, sin que tu casa se convierta en una jungla y todo se desmadre.

La primera de ellas, deja que tu hijo decida entre dos o tres cosas (como mucho): «Cielo, ¿qué quieres cenar hoy?, ¿tortilla francesa, huevos revueltos o huevos fritos?». Porque, sí, tú sabes que hoy toca cenar huevos, pero al menos le das a elegir la forma en la que va a cenar los huevos.

No le propongas si quiere tortilla o pasta a menos que realmente no te importe hacer pasta. Y si le das a elegir, por favor, cumple lo que has dicho, porque a veces también me encuentro casos como el de que una madre o un padre pregunta: «Cariño, ¿qué quieres cenar hoy?, ¿huevos o pasta? Hasta aquí, bien: le estás dejando elegir. Tu hijo responde: «¡Pastaaaaa!». Y tú contestas: «Vaya, pero si ya he batido los huevos y todo. Mira, hasta les voy a echar un poco de queso y pavo, y mira qué rica va a quedar la tortilla…». Eso no es dejar elegir.

En el caso de los adolescentes, podrías preguntarles: «Cielo, ¿quieres utilizar el móvil media hora todos los días, o una hora los fines de semana?».

La segunda cosa que puedes hacer es utilizar la técnica ASP.

Técnica ASP (anticipa, sustituye, participa)

Aquí la clave es sustituir una actividad por otra, y la nueva actividad tiene que ser al menos igual de divertida que la que está haciendo en el momento.

Te explico. Esto es, más o menos, lo que piensan tus hijos en momentos «clave»:

- «Recoger no es tan divertido como estar jugando con los juguetes».
- «Irnos del parque no es tan divertido como tirarme por el tobogán».
- «Meterme en el baño no es tan divertido como seguir viendo los dibujos».
- «Ir a cenar es un aburrimiento, comparado con seguir jugando a la consola».
- «Ir con mis padres el fin de semana es un asco, comparado con salir de fiesta».

Por lo tanto, no les ofrezcas una actividad aburrida para que dejen de hacer algo.

«No te entiendo, Adelaida».

Imagina que tu hijo está viendo la tele y toca la hora del baño. La primera acción es anticipar: dile a tu hijo con antelación que a las 19:30 toca la hora del baño (mejor si tiene una tabla de rutinas, y en ella ya habéis establecido los horarios y la secuencia de actividades que vais a hacer cada día).

Cuando lleguen las 19:30, es probable que no quiera ir al baño, porque ir al baño no es tan divertido como estar viendo la tele; así que sigue el segundo paso: sustituye. Hazle entender que no va a ir a bañarse, sino a tener… ¡una guerra de pompas en el baño!

Ese baño/guerra de pompas va a ser igual de atractivo para él que ver la tele, por lo que, aunque al principio le cueste, finalmente decidirá ir de mejor gana al baño que si le dices: «Ahora toca el baño»; «Como no te metas en el baño en tres minutos, mañana no vas a ver la tele»… Es verdad, te va a funcionar, y se irá al baño, pero ¿con qué humor?, ¿con qué ganas? ¿Vais a disfrutar de ese momento?

Y por último, participa. Tus hijos e hijas adoran pasar tiempo contigo, quieren tu presencia, la necesitan para reafirmarse, y es algo que los ayuda a fomentar su autoestima e independencia, por paradójico que te parezca.

Tus hijos pensarán: «Mamá y papá quieren pasar tiempo conmigo, eso implica que soy digno de amor, digno de atención, que se lo pasan bien conmigo; por tanto, soy divertido, a la gente le gusta estar conmigo, etc.»; es decir, todo un chute de autoestima, y sin tener que dar un halago.

Al mismo tiempo, cuando pasamos tiempo con ellos, eso fomenta su autonomía, porque no mendigan nuestro tiempo ni nuestro amor, saben que estaremos ahí cuando nos necesiten; por lo tanto, no llamarán tanto nuestra atención y serán capaces de ser más autónomos e independientes.

Te voy a dar otro ejemplo.

¿Conoces a algún niño o niña que, cuando está en el parque, quiera irse? Vale, seguro que alguno conoces, pero la mayoría de niños se lo están pasando tan bien en el parque, con el columpio, con los amigos, con la pelota, con la arena, que el momento de irse a casa suele ser muy truculento para las madres, que finalmente tienen que agarrar al niño o la niña y llevarlo en brazos o arrastrarlo un rato hasta que por fin deja de patalear o llorar.

Con la técnica ASP (anticipa, sustituye, participa) vas a ahorrarte muchos disgustos.

1. Anticipa. Antes de llegar al parque, al entrar al parque y mientras estáis en el parque, al menos una vez, di lo siguiente: «Cariño, cuando la aguja del reloj llegue a este punto, nos vamos a ir a casa».

2. Sustituye. «Cariño, la aguja del reloj ha llegado al punto, nos vamos a casa. ¿Te acuerdas de que íbamos a ir cantando la canción del "Caracol, col, col"? Venga, vamos».

3. Participa. «Venga, que voy primero. Yo canto: "Caracol", y tú me sigues y dices: "Col, col, col"».

No sé lo que funciona en tu familia, pero aquí te dejo otros ejemplos que puedes usar:

- «Vamos contando los coches rojos que encontremos y, cuando veamos uno blanco, decimos: "¡Nube!"».

- «Vamos a casa y, cuando nos encontremos con un autobús, tenemos que saltar a la pata coja cinco veces».

- «Vamos caminando y, si vemos un perro, cantamos: "¿Dónde están las llaves?"».

Utiliza tu imaginación (ya te lo había dicho, pero ¿no te parece alucinante la oportunidad que nos brindan nuestros hijos e hijas para fomentar nuestra creatividad y ponernos a prueba constantemente?).

Otro ejemplo, para cuando queremos que nuestros hijos dejen de jugar y recojan los juguetes:

1. Anticipa: «A las 19:00, dejamos de jugar y tenemos que recoger».

2. Sustituye. Proponles una competición sobre quién guarda más rápido los juguetes: «Yo guardo los peluches, y tú, los coches».

3. Participa. Implícate para hacerlo divertido. Recuerda que a nadie le motiva hacer algo si piensa que no es interesante, y la manera de hacerlo interesante es que tú estés ahí. Celébralo cuando hayáis acabado. Verás qué cambio energético positivo se produce en casa.

¿Y esta técnica también funciona con tus adolescentes?

Por supuesto que sí. En este caso, debemos adaptar nuestro lenguaje y nuestras tácticas a la edad de tus hijos. Y aunque sigue siendo muy útil utilizar el humor y el juego, es posible que tus hijos no estén precisamente «de humor» para estas estrategias, porque, además, sueles querer implementarlas cuando estamos molestos y enfadados; así que, en este caso, te invito a que hables con ellos: «Chicos, he visto que últimamente pasa "X" en casa. Estoy leyendo un libro fantástico de Adelaida y quiero implementar algunas técnicas con vosotros; así que a ver si me dais un poco de manga ancha y me dejáis probar, porque creo que podemos hacerlo todos mucho mejor como familia, y sobre todo empezando por mí misma».

Wow! Van a mirarte un poco raro, pero, como tú estás formando parte de la solución y no culpabilizando, su actitud hacia ti va a ser mucho más positiva y abierta. Así que avísalos, y practicad; pero, sobre todo, respeta los ritmos y los acuerdos que hayáis alcanzado.

¿No me digas que todavía no has hecho acuerdos a nivel familiar? ¡No te preocupes y, mejor, ocúpate! Te lo cuento en el capítulo 6, en el que te explico las «reuniones familiares».

En el caso de la ira o la rabia como rebeldía contra la falta de libertad, en tus adolescentes, hazte una pregunta: «¿Qué creo que puede decidir mi adolescente en casa?». O mejor: «¿Qué parte de las decisiones que se toman sobre la vida de mi adolescente realmente las está decidiendo él/ella?».

Dale espacios donde pueda decidir; en este caso, el poder recae o debería recaer muchísimo sobre ellos, dentro de la técnica ASP (anticipa, sustituye y participa). Esa sustitución ya no viene tan marcada desde tu lado, sino más bien desde el suyo; ahí es donde él o ella puede decidir cómo sustituir una actividad por otra.

Con la persona adolescente marcamos unas líneas muy básicas. Por ejemplo: desde que llega a casa del instituto o de las actividades extracurriculares hasta que se cena, digamos que a las 21:00, ¿qué tiene que suceder en un día normal? Deberes, estudios, mochilas, ocio, ducha y cena, etc.

Por ejemplo, solo quieres que a las 21:00 todo el mundo esté preparando la mesa y dispuestos a cenar. Anticípalo.

Sustituye. Deja que él marque su horario (es decir, tu adolescente decide cómo organizarse).

Esta libertad, primero, le facilitará independencia; después, le permitirá evaluar las consecuencias de su (no) autonomía, y quizá decida finalmente pedir ayuda en caso de no saber hacerlo. Ahí podrás participar.

Si no quieren que estés, tienes que aceptarlo. Sé que quieres seguir estando muy presente en la vida de tu adolescente, lo que ocurre es que ahora te toca soltar, delegar, aceptar que pueden equivocarse o que simplemente no quieren hacer algo como tú lo haces.

Muéstrales todo tu apoyo y diles que estarás ahí si te necesitan. Indícales que no los vas a «agobiar» con preguntas, sino que vas a demostrar confianza y que, al mismo tiempo, esperas recibirla. Haz la prueba y verás como, poco a poco, vais mejorando las rutinas en vuestro día a día, la comunicación, la relación y el vínculo.

COMPORTAMIENTOS DESESPERADOS

Ya te hablé de Maslow y de la SAL de la vida, ahora me gustaría que te llevaras una noción, aunque fuera básica, sobre una tercera forma de ver si las necesidades de tus hijos están satisfechas o no, a través del comportamiento que tienen. Y en el caso de no estarlas, analizar cómo puedes actuar tú para solucionar los conflictos diarios. Esto te servirá, además, para ver cada situación que surge como una oportunidad de aprender algo sobre ti, sobre tus hijos y sobre la crianza respetuosa, consciente y responsable.

En este caso, aprenderás a observar si tus hijos tienen los cuatro comportamientos que te presento a continuación: atención excesiva, dominio impuesto (o mal enfocado), venganza e indefensión aprendida.

En este apartado he unido las enseñanzas de la disciplina positiva con otras corrientes psicológicas, como las de Martin Sellingman, que es el padre de la psicología positiva.

De forma muy simple, la disciplina positiva se puede considerar un modelo educativo, una filosofía de educación, e incluso de vida, que busca entender cómo actúan los niños desde el respeto mutuo, además de enseñarles, desde la amabilidad y la firmeza, habilidades para la vida enfocadas en la búsqueda de soluciones ante los retos diarios, y está fundamentada en las teorías psicológicas de Alfred Adler y Rudolf Dreikurs.

Desde esta perspectiva se tiene en cuenta que el comportamiento que observas es solo una parte, puesto que desconoces la necesidad que se esconde detrás del comportamiento (es similar a lo que te conté acerca del iceberg).

Cuando hablas con una persona, no sabes cuál es su bagaje emocional; no sabes qué tipo de educación ha tenido, qué relaciones, qué tipo de amistades, qué tipo de trabajo, con quién ha socializado. Te digo esto porque va a ser de gran ayuda cuando tus hijos lleguen a la adolescencia. Aunque sé lo que estás pensando: «Adelaida, yo sé cómo son mis hijos, sé con quién juegan al fútbol, cuáles son sus circunstancias, qué están estudiando y de qué personas se rodean».

Te aseguro que es posible que conozcas a tus hijos cuando son más pequeños, pero incluso así no sabes a ciencia cierta lo que sucede a cada momento en la escuela infantil o en el colegio, y lo que es más: no puedes saber cómo se sienten en todo momento.

Puede que una profesora los haya alabado delante de los compañeros y que se sienta bien, orgulloso de sí mismo, o puede ser que se haya sentido avergonzado por haber recibido ese halago delante de los compis. Es algo tan interno y privado que ni siquiera tú, su madre, su padre, eres capaz de conocerlo todo.

Por mucho que creas que conoces a una persona, ya sea tu pareja, compañeros de trabajo o hijos —pequeños o adolescentes—, hay una parte de su emocionalidad que es inconsciente;

quizás ni tus hijos lo sepan, y «eso» que parecía no ser tan tras- cendente los va a marcar para el futuro.

Por tanto, teniendo esto presente, cuando son adolescentes, mucho más. Te recuerdo que se alejan y separan de ti como una parte importante de su recorrido vital. Es una etapa necesaria, y puedes jugar a adivinar cómo se siente, pero solamente acertarás en parte, cuando te muestres tranquila, serena, en calma, en acti- tud abierta, de escucha, y dejes encerrados tus juicios.

El comportamiento de tu adolescente (lo que tú ves) responde a cómo él o ella interpreta algo que le ha sucedido y cómo se siente con eso.

Triada «piensa-siente-actúa»

Espero que me sigas hasta aquí. Es fundamental, además, que observes, sobre todo, los cambios en los patrones de comporta- miento. Si tu hijo siempre es puntual y de pronto deja de serlo; si tu hijo es cariñoso y de pronto está mucho más frío; si tu hijo es muy hablador en casa y de pronto se cierra en banda, ahí es donde aún tienes que prestar mucha más atención y profundizar en lo que puede estar faltando, en qué necesidad no está siendo satisfecha.

Antes de saltar a la yugular de tus hijos porque no han reco- gido la ropa del suelo, no han preparado la mochila, han sus- pendido un examen, han llegado tarde el fin de semana, no te han saludado cuando han llegado del instituto, etc., etc., para y piensa: «¿Qué puede pasar para que mi hijo, que habitualmente se comporta de una forma más o menos "esperable", de pronto haga cosas "raras"?».

Las personas aquí tienen una necesidad que o bien no saben expresar, o no lo hacen de forma adecuada; por eso recurren a comportamientos poco adaptativos (buscan atención excesiva, buscan poder, buscan venganza, buscan hacer algo o no) y que a nosotros, papás, mamás, educadores, en caso de los niños o adolescentes, nos traen de cabeza.

Mientras lees este capítulo, me gustaría que no solo pienses en tus hijos o hijas, sino que escanees a los adultos de tu alrededor y compruebes si se ajustan a estos patrones de comportamiento/necesidad.

Estoy segura de que te vas a sorprender.

Los comportamientos que observas son estrategias con las que las personas quieren lograr sentirse conectadas con los demás. Hasta ahora no sabías qué significaba. Pero te voy a ayudar a descifrar y gestionar esas necesidades de forma más efectiva de lo que venías haciendo.

Atención excesiva

Con este comportamiento, una persona, para sentir que encaja, necesita sentirse el centro de atención constantemente. Necesita recibir un trato especial, sentir que es importante, porque siente que pertenece solo cuando notas su presencia, o cuando obtiene un servicio singular; se siente especial únicamente cuando te mantiene ocupado. Esa es la creencia que tiene, y conforme a ella actúa, porque para él es su verdad.

Probablemente, en este momento tú, como adulto de referencia, te sientes fastidiado, porque no para de interrumpirte; irritado, porque no puedes seguir trabajando o hablando; preocupado, pensando qué le pasará, o incluso culpable, pensando si es por algo que tú haces.

¿Cómo actúas tú cuando te sientes así? Cuando te sientes de ese modo, le adviertes una y otra vez que pare; le pides que haga lo que estás diciendo; si es algo que ya sabe hacer, le insistes en que ya sabe hacerlo y le pides que te deje tranquilo.

Y parece que funciona, al menos de primeras; pero, al rato, el niño o la niña vuelve a llamar de forma desmedida tu atención.

Con este comportamiento, tu hijo tácitamente quiere pedirte que le hagas caso, que lo escuches, que lo tengas en cuenta, que lo incluyas en las actividades del día a día, porque siente que no es importante para ti.

La mejor forma de solucionar esto es precisamente hacer eso:

- Hazle ver que es importante, que su ayuda es necesaria; dile que lo quieres.

- Si, en el momento que te interrumpe, no puedes atenderlo, dile: «Sé que esto es importante para ti. Ahora no puedo atenderte y quiero darte la atención que te mereces. En cuanto acabe con esta conversación/llamada, iré». Y cuando acabes, ve. No lo engañes. Le estás enseñando a confiar en ti. Y para que alguien confíe en ti, tienes que ser confiable y cumplir lo que dices.

- Involucra a los niños en una actividad útil, algo que les haga sentir especiales: «Cariño, ¿me puedes preparar mi café?»; «¿Me traes el albornoz?»; «¿Me ayudas a sujetar las pinzas mientras cuelgo la ropa?».

- No te repitas. Esto, como padres, cuesta mucho. Cuando constantemente te estás repitiendo, les estás enseñando a ignorarte.

- Planifica momentos especiales con él o ella. Por ejemplo: «Los jueves vamos a merendar solos tú y yo»; «Venga, que hoy nos vamos a duchar juntas»; «Vamos a hacer juntas un dibujo».

- Esto, cuando los niños son pequeños, y además no tienes mucho apoyo externo, es complicado. No necesitas hacer «grandes» cosas, piensa en un abrazo especial, una mirada, una carita sonriente en un pósit, etc.

- Conoce y aprende a utilizar los lenguajes de apreciación y amor de tus hijos a tu favor. Te lo desarrollo en el capítulo 6, que trata de los conflictos. No te lo pierdas.

Dominación y mando exagerado

En este caso, el niño lo que quiere es ser el jefe, el que manda, el que con su comportamiento hace que los demás le sigan el ritmo, porque precisamente siente que pertenece o que es importante cuando tiene el control, cuando domina al otro.

Si escuchas frases del tipo «Tú no me mandas», «No puedes obligarme», tus hijos buscan poder sobre ti. En este caso, seguramente tú te sientes desafiada y amenazada, o incluso te vas al extremo contrario y llegas a la sensación de derrota: «¡Da igual lo que yo haga!, ¡ya no sé qué hacer!»; así que pivotas entre dos extremos: bien rindiéndote y diciéndole que haga lo que quiera, o bien obligándolo «a la fuerza» (castigo, chantaje, humillación, golpes) a hacer algo.

En cualquiera de estas circunstancias, el niño o adolescente intensifica aún más su conducta inadecuada, fuerza más la situación o, por el contrario, se complace de su actitud de superioridad haciéndote sentir mal, e incluso se siente vencedor cuando ha conseguido sacarte de tus casillas.

En este caso, el mensaje tácito que nos transmite es que quiere ayudar o colaborar, pero no sabe cómo, porque no le enseñaste o no le dejas. Necesita una guía, por lo que te aconsejo que hagas lo siguiente:

- Pide ayuda a tus hijos.
- Diles que sabes que no los puedes obligar a hacer algo que no quieren y que, al mismo tiempo, necesitas su ayuda para hacer algo (ya sea poner la mesa, recoger su habitación, salir de casa a la hora, etc.).
- Ni te pelees con él/ella ni te rindas. Recuerda utilizar la asertividad: respétate y respétalos.
- Recuérdales los acuerdos y/o rutinas a los que habéis llegado, así como las consecuencias que habéis establecido entre todos.

- Decide lo que tú vas a hacer y sé consecuente con tu decisión, firme pero no autoritaria; tampoco seas condescendiente: «La cena es de 20:00 a 20:30. Yo voy a servir la cena a las personas que estén duchadas; así que, si no estáis a tiempo, retiraré la comida a esa hora».

¡Cuidado con el tono que utilizas!

No lo digas desde el «Te jorobas, que no te pienso dar de cenar si no te has duchado», sino desde la completa serenidad, tranquilidad y respeto por su decisión de no querer ducharse. Si notas que te alteras, busca un momento para recobrar tu centro.

No necesitas discutir, son los acuerdos los que mandan. Si sientes que pierdes la serenidad, retírate un momento y explícaselo: «Cariño, necesito un momento a solas para calmarme porque noto que me estoy alterando y no quiero gritar». Recuerda que, de este modo, les estás enseñando a que ellos también pueden tomarse tiempo para calmarse cuando lo necesiten.

Nota: De forma habitual, un niño o niña que busca controlar el entorno y a los demás suele ser por lo que te acabo de contar más arriba. Aunque, cuando hablamos de personas, siempre es un error generalizar. En este caso concreto, voy a hacer referencia a niños que han sufrido violencia de cualquier tipo (física, emocional, *bullying*, intrafamiliar, etc.).

Cuando nos encontramos un comportamiento de control excesivo, quizás se deba a que, para sentirse seguros y protegidos, necesitan saber que tienen el control sobre los demás, sobre el entorno, sobre los tiempos, etc., y confundimos ese control con manipulación.

Es por este motivo que siempre que tratamos con infancia y adolescencia debemos alejarnos del pensamiento de «Me está manipulando» en el mal sentido, porque, efectivamente, quizás te esté manipulando, pero para cubrir una necesidad que no estás viendo. Quizás necesita seguridad en su entorno (porque en otro contexto se siente vulnerable si no percibe que controla todo a su alrededor).

Esto se aplica a todos los comportamientos que observes en tus hijos o personas con las que te rodeas. No es tan fácil simplificar, aunque yo en este libro te estoy dando las claves generales.

Revancha o venganza

En este caso, el niño o adolescente siente que no cuenta para los demás, con lo cual se siente dolido. ¿Y cómo actúa? Elige hacer daño a los demás. No se siente aceptado incondicionalmente, no se siente querido; más bien, se siente herido, así que devuelve la misma moneda.

Como no se siente aceptado incondicionalmente, lo que necesita de nosotros (padre/madre) es que se validen sus emociones: que lo que siente está bien, y lo que no está bien es la forma de expresar —con acciones o palabras— esas emociones.

Aquí surge un problema grave: cuando un niño te hiere, te hace daño, te sientes herida también, decepcionada con la conducta del niño, y piensas o le dices de forma muy dramática: «¿Cómo has podido hacerme esto a mí, con lo que yo te quiero? Con lo que me he sacrificado por ti...».

Te disgustas mucho, incluso a veces ni te crees que hayan hecho semejante cosa, y desde ahí el niño o adolescente, ante tu actitud, toma represalias y te lastima a ti o a otras personas. Ni siquiera es algo personal contra ti, sino que ataca a otros o a las cosas que lo rodean: destroza el material escolar, tira las sillas, da patadas, muerde...

- Como adulto de referencia, tu trabajo, si observas este tipo de comportamiento, es enseñarle a conocer sus emociones y canalizarlas; enseñarle a expresarlas de forma efectiva y aceptar que se siente dolido, herido, rechazado (o lo que sea que sienta), y validarlo: «*Wow*, veo que estás muy dolido por esto que he dicho/hecho (o no hice)...»; «Me gustaría poder hablar sobre esto, ¿te viene bien ahora?».

- Escucha sus explicaciones sin interrumpir para entender qué puede estar sintiendo.

- No sermonees.

- Comparte cómo te sientes tú.

- Demuéstrale tu amor incondicional, sé amable, pero, al mismo, no toleres faltas de respeto.

- Dile las cosas que está haciendo bien, enfócate en las cosas buenas, habla desde la calma,

- Haz que tu comunicación no verbal (gestos o miradas) sea de comprensión y reconciliación.

En este sentido, solemos ser sutiles, haciéndoles ver que, si no se comportan de una determinada forma, si no estudian lo que les decimos, si no hacen lo que nosotros queremos, si no nos complacen, no son buenos hijos.

Vamos, deja de ser «sinoista» (te hablé de esto en el capítulo 2 sobre los cimientos de la crianza RCR) y dile que, a pesar de no pensar igual, a pesar de que os enfadéis, a pesar de que discutáis, siempre vas a quererlo, por ser tu hijo, por ser tu hija. Siempre tendrán tu apoyo y comprensión.

Indefensión aprendida o deficiencia asumida

Aquí te voy a contar un poco de historia, para que sepas de dónde viene este comportamiento que usan tus hijos e hijas para intentar encajar.

A finales de los 60, el psicólogo Martin Sellingman acuñó el concepto «indefensión aprendida» a raíz de unos experimentos que realizó con perros. El experimento constaba de dos partes:

En una primera parte, uno de los animales tenía la opción de evitar una pequeña descarga eléctrica tocando una palanca; sin embargo, otro perro, aunque le diera a la palanca, no detenía las descargas y las tenía que sufrir de forma permanente.

En la segunda parte del experimento, en otra habitación, el suelo era el que emitía las descargas. El primer perro, el que había detenido las descargas, se movía por la habitación hasta llegar al fondo de la misma, donde las descargas no estaban. Sin embargo, el otro perro, el que en la primera parte del experimento nunca pudo detener las descargas, simplemente se echó al suelo sin buscar formas de aliviar su sufrimiento; es decir, asumió que, hiciera lo que hiciese por aliviar las descargas, estas nunca se detendrían.

El experimento se replicó en seres humanos, con altos niveles de ruido, y los resultados fueron asombrosamente parecidos.

La indefensión aprendida se refiere a una condición en la que un ser humano (o animal) aprende a comportarse de forma pasiva, tiene la sensación de no poder aliviar su sufrimiento, haga lo que haga; por lo tanto, no responde ni reacciona a los estímulos, a pesar de que existan oportunidades reales de aliviar ese dolor.

Si extrapolamos este experimento en el caso de la educación de tus hijos, los niños o niñas se dan por vencidos, actúan de forma pasiva o solo quieren que los dejen tranquilos. Se autoconvencen de que son inútiles e incapaces; piensan: «Da lo mismo lo que haga, porque no sabré hacerlo», o «No encajaré», o «Se reirán de mí». Creerán que no los van a querer, por lo que no se atreverán a intentar las cosas. No quieren asumir el riesgo a fallar, así que dejan que los demás hagan las cosas por ellos.

Si observas este comportamiento en alguno de tus hijos, en forma tácita te pide que no te rindas con él, que apuestes por él, que pongas un poco más de fe en que sí lo puede lograr. Quizás, si se lo volvemos a enseñar (con paciencia), pueda conseguirlo.

Lo que ocurre es que, cuando tu hijo no lo hace como quieres o actúa de forma pasiva, te desesperas y te frustras, no sabes qué hacer para motivarlo; por lo que es más fácil que te des por vencida, lo proteges en exceso y haces las cosas por ellos. De esta forma, tu comportamiento refuerza aún más la pasividad y el pasotismo. Tu hijo aquí entonces pensará: «¡Total! Si ya lo van a hacer por mí, ¿para qué esforzarme?».

¿Has pedido por chat a otras madres alguna vez que os dijeran qué páginas del libro tienen que estudiar? ¿Has pedido en el chat de clase la fecha de un examen? ¿Te has sentado con tus hijos a hacer todos y cada uno de los deberes? ¿Has escrito al profesor para decirle que le deje más tiempo para entregar una actividad? ¿Tus hijos tienen tareas de la casa? Si se le ha olvidado comprar algo para llevar al cole, ¿vas a comprarlo, aunque sean las 22:00, para que lo lleve al día siguiente?

Tienes que dejar de estar pendiente de sus cosas y permitirle fallar, asumir responsabilidades y consecuencias, porque es la única forma de aprender, cuando hay consecuencias (¡ojo!, no necesitas que le atropelle un coche para enseñarle la consecuencia de cruzar un semáforo en rojo).

Si no trae el libro a casa para estudiar, yo sé que es más fácil pedir al grupo de padres y madres de Whatsapp lo que tiene que preparar. Lo difícil es dejar que nuestro hijo o hija vaya al examen sin haberlo preparado, porque, si suspende, ¿quién queda mal?, ¿tu hijo, por no haberlo preparado, o tú, por ser una madre que no le facilita las cosas para que estudien?

¿Te sientes juzgada cuando tus hijos no sacan buenas notas?, ¿cuando no llevan el equipamiento deportivo el día que toca Educación Física?, ¿cuando en el cole les regañan porque pasan sed, porque no han cogido la botella de agua?

No pienses que te están juzgando a ti. Y si lo hacen, no será tu problema. En realidad, los estás ayudando más si permites que acepten consecuencias asumibles que si haces absolutamente todo por ellos.

«*No prepares el camino para tus hijos.*
Prepara a tus hijos para el camino».

Entonces, ¿qué puedes hacer para solucionar esta insuficiencia aprendida?

- Divide el trabajo en pequeñas tareas y dile que vaya paso a paso.
- Evita las críticas y pregunta qué puede hacer diferente.
- Ayúdalo a enfocarse en las posibles soluciones.
- Alienta los intentos por parte de tus hijos, por pequeños que parezcan. Pon el foco en el proceso, en el esfuerzo.
- Dile que confías en él o en ella.
- Pon el foco en lo que el niño hace bien. Recuérdale aquella vez que consiguió lo que se propuso.
- No te rindas con él ni le tengas lástima. Si se cae o fracasa, anímalo a levantarse y seguir intentándolo.
- Recuérdale las veces que consiguió algo.
- Enséñale cómo planificarse y organizarse.
- Busca formas en las que pueda tener éxito para darle el coraje y la confianza en sí mismo que le faltan.
- Enséñale formas de hacerlo, pero no lo hagas por él.
- Hacedlo disfrutable mientras aprende.
- Utiliza el poder del «todavía».

El poder del «todavía»

Cuando tus hijos intentan o quieren hacer algo por primera vez, suelen pasar tres cosas:

1. No los dejas hacerlo

Cuando son pequeñitos, hay una etapa en la que nos piden hacer las cosas; es la etapa en la que constantemente nos dicen: «¡Yo quiero hacerlo solo/a!». ¿Cómo reaccionas en este caso? A veces, no les dejas, bien porque son muy pequeños y se pueden manchar; porque pueden tirar la leche por toda la mesa; porque llegáis tarde al cole si se abrocha todos los botones solo/a; porque despilfarra agua cuando se lava el pelo, etc. Hay montones de ejemplos, revisa cuáles se ajustan a tu realidad.

Vigila cuando son pequeños y quieren hacer tareas de la casa, pero les dices que mejor las haces tú, porque tardas menos. Y luego, pasados unos años, llega la adolescencia y no hacen las tareas que les corresponden. ¿Por qué será?

Hazte un favor: invierte tiempo en infancia para que hagan cosas, tareas, que tengan responsabilidades, y que sea algo más o menos divertido, porque lo agradecerás cuando tus hijos crezcan y se conviertan en adolescentes más o menos entrenados para mantener determinado orden en sus cosas, en poner la mesa, sacar la lavadora, poner el friegaplatos (no te aseguro que no tengas que recordárselo de vez en cuando, pero habrás generado hábitos ya desde pequeños y, lo que es más importante, lo considerarán como algo normal dentro de su rutina diaria).

2. Intentan hacer una cosa y les sale

¿Qué hacemos, papás y mamás? Lo celebramos: «Mira qué listo eres»; «Qué bien lo haces»; «Muy bien»; «Bravo»; «¡Ole, mi niño!». Es decir, estamos premiando con palabras un resultado. Les hacemos creer que, como lo han hecho bien, son más valiosos.

Pero, ahora bien, ¿qué crees que sucederá cuando tengan que afrontar algo que nunca han hecho? Es posible que se sientan nerviosos, ansiosos, petrificados, porque no saben si lo harán bien, no saben si recibirán tu halago, ni siquiera saben si el no lograrlo los hará dignos de tu amor, porque, con tu aprobación o desaprobación, les estás quitando su propio sentido de valía interna.

Así que, tal y como ya hemos hablado en el capítulo de necesidades y la pirámide de Maslow, te animaría a que, más que alabar un resultado y etiquetarlo como un niño bueno o responsable, pusieras la atención en el proceso: «He visto cómo te has esforzado y lo has conseguido».

¿Cuál es el peligro de etiquetar?
Te lo explico.

2.1 El peligro de etiquetar

Cuando comencé en este mundo de la crianza RCR (responsable, consciente y respetuosa), pensé que, si le decía a mis hijas que eran buenas, listas, responsables, estudiosas, guapas, les estaba haciendo un favor, porque eran palabras buenas, positivas, que dejan un buen impacto. Por lo menos, no las estaba insultando o tildando de vagas, mentirosas, lloronas, etc.

Lo que sucede es que una etiqueta es una clasificación. Metía a mis hijas en la cajita de «responsables», de «inteligentes», de «guapas». La consecuencia de esto es que por esa etiqueta ellas van a medir sus comportamientos. Si mi hija recibe el mensaje de que es responsable, su valía reside en todos esos comportamientos en los que fue responsable; por tanto, si alguna vez no es responsable, estudiosa, guapa, etc., su valía como persona estará en peligro.

De ahí la importancia de separar el ser del hacer. Una persona (pequeña o adulta) es muchas cosas y, al mismo tiempo, hace otras tantas «muchas cosas».

Hay una gran diferencia entre decirle a un niño o adolescente:

- «¡Eres un irresponsable, es que no ves que te podías haber matado haciendo eso!».
- «¡Eres una vaga! No me extraña que hayas suspendido».
- «Eres muy inteligente, se te van a rifar las universidades».
- «Con lo responsable que eres, podrás con ello».

O decirle lo siguiente:

- «Te has comportado de forma irresponsable. Tienes que saber que tus actos pueden tener consecuencias desastrosas, te podías haber matado».

161

- «Te has acomodado este trimestre y, al final, has suspendido dos asignaturas».
- «Se nota que te esfuerzas y que tienes gran capacidad de aprendizaje».
- «Asumes demasiadas responsabilidades, quizás también deberías descansar algo».

Fíjate en esta última. Con este tipo de frases, permites a tus hijos que trabajen en su autocuidado y, además, dejas de moverte entre dicotomías: te ayuda a normalizar que la vida no es blanco o negro, sino que hay una gama de colores alrededor de los cuales puedes moverte.

¿Por qué en la vida, en las encuestas, en los test nos fuerzan a elegir entre mar o montaña?, ¿rubios o morenos?, ¿*pizza* o pasta?, ¿carne o pescado?, ¿hombre o mujer?

Enseñar a tus hijos desde pequeños a que pueden elegir más allá de entre dos posibilidades (que normalmente están enfrentadas, o incluso totalmente opuestas) también los ayudará a tener una mentalidad mucho más abierta a todo, conciliadora, proclive al diálogo, a las diferencias o a la escucha.

Volviendo al peligro de etiquetar, recuerda que tus palabras pueden definir la identidad de tus hijos, si los etiquetas de responsables, harán todo lo que esté en sus manos para agradarte y «ser» responsables (incluso hiperresponsables). En casos extremos, esto puede llevar a casos de ataques de pánico o ansiedad al no permitirse parar.

Por el contrario, cuando los etiquetas como «vagos», les estás dando un motivo para no cambiar su conducta: «Si mi padre piensa que soy un vago, nada va a hacerle cambiar de opinión; entonces, ¿para qué esforzarme?». Fíjate ahora en esta otra frase: «Si mi madre piensa que soy un vago, voy a esforzarme más para hacerlo bien»; en este caso, no lo hacen por ellos, sino por agradarte. Y si al final logran complacerte, ¿cuándo será suficiente? Van a estar mendigando amor en todas sus relaciones a futuro.

Recuerda que, como madre o padre, tu amor por tus hijos siempre debe ser incondicional, lo único condicional deberían ser tus frases, porque no eres capaz de adivinar el futuro. Habitualmente usas frases de este estilo: «Si no estudias, suspenderás»; «Si estudias, aprobarás»; «Si vas sin cuidado, te vas a caer»; «Si no duermes bien, mañana estarás cansado». Cuando, en realidad, las frases que son más realistas son las siguientes: «Si no estudias, es más probable que no apruebes»; «Si estudias, es más fácil que apruebes»; «Si vas corriendo sin cuidado, es más probable que te caigas»; «Si no duermes bien, quizás mañana estés más cansado».

Lo que sucede en la vida no es un hecho cierto. La vida son probabilidades. Es verdad que, si estudias, es más probable que apruebes, pero no sabes si al día siguiente tendrás un dolor de cabeza que no te permita concentrarte.

¿Cuántas personas han sacado carreras y másteres, están perfectamente preparados y, aun así, no encuentran trabajo?

Porque la vida no es justa. La vida a veces es cuestión de preparación, pero también de momentos de alineación de las estrellas o suerte. Aunque es cierto, parece que, cuanto más te esfuerzas o más preparado estás, más suerte tienes.

Pero tú y yo sabemos que no siempre es así. Hay personas que nunca han fumado y tienen cáncer de pulmón. Hay personas que no han dado un palo al agua y tienen un conocido que los coloca en una empresa y tienen una vida sin problemas. Hay personas que tienen una vida desahogada, sin problemas, y aun así tienen ansiedad o depresión.

Eso lo sabes porque eres adulta, porque has aprendido a través de la experiencia, es tu sabiduría de vida. Y en cierto modo, con el estilo de crianza que practicas, tienes que ser responsable y enseñarles a tus hijos que no siempre que haces algo específico obtienes el resultado que quieres.

Y el sentimiento de injusticia está ahí. Como madre o como padre, tu trabajo también consiste en ayudar a tus hijos a sobrepasar ese sentimiento y a seguir esforzándose.

Pero ¿hasta cuánto o hasta cuándo deben seguir esforzándose?

Te lo cuento en un ratito, después de explicarte la tercera cosa que sucede cuando tus hijos quieren hacen algo.

3. Intentan hacer una cosa y no les sale

(Que, por cierto, suele ser la mayoría de las veces). Entonces, ¿qué hacemos los papás y las mamás cuando vemos que nuestro pequeño retoño se empieza a enfadar y a frustrar, y dice: «¡No me saleee!». Y rompe el dibujo, tira la ropa al suelo, grita y/o patalea.

Dependiendo del estilo educativo que adoptes, puedes cubrir varios rangos: «¡Eres tonto!»; «Te lo he repetido mil veces, y no lo pillas»; «No pasa nada, ya aprenderás»; «Inténtalo otra vez»; «Pero si está fenomenal»; «Déjalo ya», etc.

Como te anticipaba, la mayoría de los peques se suelen frustrar mucho, aunque generalizar es poner las cosas demasiado fáciles. Quizás, tú que estás leyendo este libro dirás: «Pues a mi hija no le sale algo y le da exactamente igual». Y es que, dependiendo de la autoexigencia de cada niño, de la tuya propia, o incluso de cómo actúas tú cuando tus hijos no consiguen algo, impacta en el nivel de frustración de tus hijos. Pero es habitual que los peques se frustren y enfaden consigo mismos cuando algo no les sale como ellos quieren.

Aquí es donde el poder del «todavía» hace su magia. Cuando tu hijo o tu hija quiera desistir de intentar algo, cuando se sienta desinflado porque no le sale algo, cuando se salga 0,03 milímetros al colorear y esté a punto de tener un desbordamiento emocional, si tu primera reacción es desde la empatía y el acompañamiento emocional, habrás comenzado con muy buen pie: «Cariño, tiene que ser muy frustrante cuando estás intentando conseguir hacer esto que mamá o papá te han enseñado y no te sale». Y a continuación, añades la siguiente frase: «Tienes que recordar que no te sale todavía, y es normal, porque todavía no has practicado lo suficiente».

Este *tip* en dos pasos es magnífico para aliviar todo ese malestar que están comenzando a tener.

Cuando añades la palabra *todavía*, le estás dando un mensaje al cerebro de tu hijo de que es posible lograr eso que se propone, aunque quizás no sea ahora, pero sí en un futuro cercano. Esto abre posibilidades, favorece la mentalidad de crecimiento, esa en la que las cosas pueden cambiar, en la que podemos mejorar y aprender, en la que es posible adaptarse a nuevos contextos o situaciones.

Y esta es una habilidad que hay que fomentar a diario, puesto que ser capaces de adaptarnos a las cosas que suceden nos sitúa en una posición mucho más potente ante las cosas; es la posición en la que yo decido qué voy a hacer a continuación para lograr lo que me he propuesto.

Esta mentalidad abre las puertas a la disciplina, al esfuerzo, al entrenamiento, a la constancia, a la perseverancia, a la paciencia; habilidades todas estas muy necesarias hoy en día para convertirnos en personas sanas, funcionales y adaptativas.

Esto te va a ayudar mucho, y no solo a ti, sino en tu etapa con la adolescencia, donde tus hijos habrán podido tener un entrenamiento paulatino para desarrollar todas esas habilidades que te comentaba.

Porque, además, sabemos que, salvo contadas excepciones, las cosas en general tardan en lograrse y que hay que esforzarse (que no forzarse) para conseguirlas. A pesar de que vivimos en un mundo de gratificaciones constantes, donde cada notificación del móvil, cada *like* de nuestras publicaciones de cualquier red social, cada nuevo episodio de Netflix que no tenemos que esperar, etc. lo único que hacen es debilitar la resiliencia (recuerda que es esa capacidad de afrontar un hecho adverso y no solo volver al estado de bienestar anterior, sino incluso superarlo y haber aprendido nuevas habilidades y estrategias de afrontamiento).

3.1 Éxito y lenguaje exitoso

Otra estrategia que puedes utilizar es enseñarles a tus hijos a utilizar un lenguaje exitoso. Para ello, primero voy a definir qué es el éxito.

Quizás, el planteamiento que te escribo a continuación no encaja con tu forma de pensar. Dale una vuelta y, después de leerlo, respóndete tú misma a la pregunta. ¿Te haces ese favor?

¿Qué es *éxito*? Se suele definir como «el resultado acertado y efectivo respecto a un asunto».

En la sociedad actual se asocia con los triunfos obtenidos por una persona, grupos, equipos o incluso empresas, y se conecta con el reconocimiento, la fama o la posesión de millones de seguidores o, cómo no, de dinero.

Esto es lo que en general se piensa del éxito, e incluso desde pequeños nos enseñan a medirlo de esta forma: con los *likes* que obtenemos en redes sociales, con la cantidad de ropa de marca que tenemos, la carrera que elegimos estudiar, incluso el puesto o salario que ganamos. Pero, como imaginarás, esto es una visión muy simplista de la realidad, y mucho más en esta sociedad «BANI», como Jamais Cascio, antropólogo e historiador, comienza a denominar:

- B (*brittle*): frágil o quebradiza.
- A: ansiosa.
- N: no lineal, donde a veces los resultados no están directamente relacionados con las causas.
- I: incomprensible.

Lo curioso es que el éxito como tal es subjetivo. Unos consideran éxito tener millones en la cuenta bancaria, y para otros, en cambio, es un éxito levantarse cada día de la cama.

Por lo que realmente la noción de «éxito» a mí me gusta más definirla como «todo aquello que haces que te permite sentir más bienestar en tu día a día, que te acerca a la felicidad». Y esto puede ser tener tiempo para entrenar, meditar, bailar, dormir, comer sin prisa, tener salud (física o emocional), disfrutar de la compañía de tus seres queridos —sin estar revisando constantemente el teléfono o el correo electrónico—, tener ganas y posibilidad de desarrollar nuevas habilidades, contar con espacios seguros donde poder desarrollarte, etc.

Creo que estamos cambiando esa progresión al darle mayor importancia a cosas menos materiales, como el tiempo para nosotros mismos, el tiempo en silencio, la meditación, la familia, nuestros hijos e hijas, la naturaleza, la salud mental, la física, el deporte, las amistades, etc.

Es importante que la reflexión que te hago la compartas con tus hijos, porque enfocarte en lo material no es malo en sí, no está mal tener ambición y querer superarte, siempre que efectivamente la comparación sea para generar mayor bienestar, y sin tener que competir con «alguien» de fuera.

Enfocarte solo en lo material ya comienza a ser un problema, y salir de esa espiral lamentablemente hoy en día es más complicado de lo que parece, puesto que vivimos en una sociedad cada vez más materialista, más consumista y más competitiva. Y si tienes personas adolescentes a tu cargo, no hay ninguna duda; por mucho que lo niegues, esa realidad está ahí y, además, muy potenciada por la globalidad de las redes sociales.

Y no, para nada estoy en contra de las mismas, ya que, bien utilizadas, son maravillosas. Si has hecho bien tu trabajo como padre o madre y tomaste el tiempo de explicarles los peligros y los beneficios del universo internet, tus hijos tendrán una base sólida en la utilización de las nuevas tecnologías; sabrán distinguir lo real de lo impostado o *fake*; podrán escuchar opiniones diversas y relacionarse desde el respeto también en el mundo virtual, y, por supuesto, dejarán de compararse con personajes cuya vida real a veces dista mucho de lo publicado tras una pantalla.

3.2 La utilización del *no* y lo que *sí* puedes hacer

Por tanto, el lenguaje exitoso es el que nos ayuda a conseguir ese mayor bienestar en nuestro día a día, enfocándonos en las posibilidades y creyendo en nuestras aptitudes.

Piensa si en tu día a día utilizas frases de este estilo: «Esto es difícil»; «Soy incapaz»; «Tengo miedo»; «Esto es un asco». Y cámbialas de una forma muy sutil (pero muy efectiva), dejando de verbalizar palabras negativas (*difícil*, *incapaz*, *asco*, *miedo*) y cambiándolas por palabras positivas (*fácil*, *capaz*, *valor*, *agradable*, etc.): «Esto no es fácil»; «Quizás no voy a ser capaz»; «No tengo el valor»; «Esto no es agradable». Estarás abriendo una cajita en tu mente en la que verás posibilidades, soluciones, esperanza.

Es lo mismo que cuando dices: «Tengo que hacer una presentación a un cliente. ¡Estoy nerviosa!», o «Tengo que hacer una presentación a un cliente. ¡Estoy emocionada!». En el primer caso, tus palabras anticipan un fracaso, miedo, ansiedad; en cambio, en el segundo caso, estás mucho más relajada, aunque no seas consciente, porque es como cuando estabas emocionada en la noche de Reyes.

Enseñarles esta diferencia a tus hijos los ayudará a tener más dominio sobre sí mismos, y es una gran estrategia para afrontar situaciones no demasiado agradables. ¿Lo ves? Lo puedes hacer así con todo. Haced un juego de ello, ya sabes que es una forma maravillosa de aprender y ponerlo en práctica.

A veces, cuando cuento esto, alguna persona me dice: «¿No me habías dicho que dejara de utilizar el *no* en la crianza? Y ahora estoy viendo que estás hablando de "No soy capaz", "No es agradable", etc. ¿En qué quedamos? ¿Utilizo el *no*, o no?».

Esto tiene explicación. Cuando empezamos a criar a nuestros hijos, hacemos un sobreuso de la palabra *no*: «No corras»; «No subas ahí»; «No muerdas»; «No toques eso»; «No pegues»; «No te levantes», y así constantemente.

Dicen que el cerebro no es capaz de procesar la palabra *no*, por lo que, si te pido que no pienses en una *pizza*, probablemente ahora mismo estarás pensando en una *pizza*; es decir, la palabra con más fuerza es la que sigue al propio *no*.

Con lo que, si le dices a tu hijo: «No grites», lo que va a tener más fuerza para él será la palabra *grites*, y seguirá con ese comportamiento. Del mismo modo, cuando estás tooooodo el tiempo diciendo a tu hijo que no («No hagas esto»; «No hagas lo otro»; «No esto»; «No lo otro»), llega un momento en el que su cerebro desconecta, porque siente que es un tostón o un aburrimiento (ten en cuenta esto cuando estés hablando/sermoneando a tu hijo o hija adolescente).

¿La solución? Más fácil de lo que crees. En lugar de decirle lo que no puede hacer, dile lo que sí puede hacer, es decir...

A EVITAR	LO QUE SÍ PUEDE HACER
«No corras».	«Camina a mi lado».
«No subas ahí».	«Súbete mejor aquí».
«No muerdas».	«Muerde este muñeco».
«No toques eso».	«Toca esta pulsera».
«No pegues».	«Puedes golpear este cojín».
«No te levantes».	«Quédate sentado».

Como todo en la vida, y especialmente en la maternidad, esto también requiere un poco de entrenamiento por tu parte, y es posible que, de vez en cuando, se te escape un «No». Está bien, no te fustigues, estás aprendiendo todavía, así que, después de decirle «No», acude a la siguiente muletilla: «Lo que sí puedes hacer es... X». Por ejemplo: «No comas con la boca abierta. Lo que sí puedes hacer es masticar con la boca chiquitita y cerrada».

Y ahora que, por fin, hemos hablado un poco acerca del lenguaje exitoso y los *noes*, te debía esta explicación. ¿Hasta cuándo o hasta cuánto debería esforzarse tu hijo o hija por conseguir algo que quiere? ¿A qué debería renunciar para conseguirlo? ¿Qué tendría que estar dispuesto a hacer para conseguirlo?

Y esta es una pregunta que también te planteo a ti, como madre o padre: ¿vale todo para conseguir algo que quiero? ¿Dar de lado a mi familia, no descansar, no dormir lo suficiente, no ver a los amigos, estar siempre trabajando, estar de mal humor, no parar, ir como pollo sin cabeza constantemente, sacrificar mis necesidades para cuidar de mi familia, etc., etc.?

Cuando hables con tus hijos, pregúntales qué quieren conseguir, qué les gusta; habla de lo que estarían dispuestos a hacer, cuáles son sus innegociables, y hazles saber que, elijan lo que elijan, estarás ahí para apoyarlos. Y también diles que, en el momento en que sientan que eso que «persiguen» no les hace felices, no les permite cuidarse, no les hace ser mejores, sino que, por el contrario, les quita energía, no les deja dormir por las noches y les hace sentir miserables, quizás hay que buscar una alternativa o, tal vez, abandonar, y eso también está bien.

A veces, empecinarse en conseguir algo hace más mal que bien, y tenemos que enseñarles a nuestros hijos que en ocasiones hay que saber cuándo decir: «Hasta aquí. Se acabó». Y esto es aplicable para proyectos profesionales y también personales. Habrá momentos en los que decidir que una relación se acaba (por doloroso que sea) será la opción más saludable para todos.

Y esto también se enseña desde casa, cuando son pequeños, y se entrena durante toda la vida. Y para eso tienes este libro, para que tomes conciencia de esas pequeñas cosas y las pongas en práctica.

CAPÍTULO 5
Los autos de tu vida

Si has llegado hasta aquí, quizás te surge una duda, como me surgió a mí en su día. Quizás piensas que todo lo que te he contado hasta ahora más o menos te encaja, o al menos estás dispuesta a trabajar en ello; pero tú, como mamá y como persona individual, quieres que tus hijos sean felices ahora y también en un futuro, y para lograrlo tienes que trabajar día a día con ellos. Lo que ocurre es que ¿cómo vas a enseñar a tus hijos algo que tú no sabes hacer (todavía)?

AUTOCONOCIMIENTO

En mi caso, me di cuenta de que tenía que cambiar el foco. Dejar de pensar por un momento qué iba a enseñarles a mis hijas y empezar a pensar qué habilidades tenía yo, las que me faltaban, las que podía aprender o desarrollar… Es decir, debía formarme para mí y, al mismo tiempo, para mis hijas.

Me di cuenta de que mis hijas copiaban mis comportamientos. Y aunque me habían dicho, en ocasiones, frases como «Los niños son como loros de repetición», o «Los niños son esponjas», no tomé conciencia de lo que verdaderamente significaba esto, hasta que me vi reflejada en sus comportamientos... Ellas repetían patrones de comportamiento que habían visto en mí. Y había algunas cosas que no me gustaban.

Cuando mis hijas se enfadaban, lo hacían con una intensidad quizás desproporcionada, o se cerraban en banda, o empezaban a guardar rencor. Fueron conductas que me hicieron pararme y analizar que era una actitud aprendida, no una actitud que venía de serie.

Por suerte, estaba en un momento en el que ya estaba abierta a escuchar, a aprender, a cambiar, a analizar y buscar soluciones. Porque, no quiero engañarte, para cambiar tienes que estar en el momento adecuado. Quizás dices que quieres cambiar, que entiendes lo que te he contado en este libro, que vas a hacerlo o, al menos, vas a probar; pero no vale con decirlo, tienes que sentirlo de verdad dentro de ti.

No sé si me estoy explicando, porque no es que sepas racionalmente que algo no encaja, es que es una sensación, y, cuando de pronto tú decides que vas a cambiar y hacerlo diferente, ahí es cuando realmente se empiezan a notar los cambios, cuando aceptas que tú tienes en tus manos la clave para educar hijos e hijas responsables, felices, respetuosos, conscientes de los demás y de ellos mismos.

A lo largo de la vida, hemos ido desarrollando unos rasgos de personalidad, nos hemos ido comportando de determinadas formas para ver cómo podíamos lograr encajar y pertenecer en los diferentes grupos con los que nos hemos topado, en la escuela, en la familia, en el equipo de *basket*, en el grupo de catequesis, en la universidad, en el trabajo, en la familia de nuestra pareja, etc.

Lamentablemente, llegamos a la vida adulta desconectados de nuestra esencia, de nuestro verdadero yo, bien porque no sabemos realmente cómo somos, bien porque nos hemos creído que somos lo que nos han dicho que somos, bien porque pretendemos ser alguien que no somos para encajar, para destacar o no, etc. El caso es que, por el motivo que sea, no sabemos cómo somos, o no tenemos muy bien definida la idea de qué somos; es más, ni siquiera consideramos como aceptable que podamos comportarnos de muchas formas dependiendo del entorno en el que nos encontremos.

Lo primero que sí deberíamos hacer es dejar de ir en piloto automático y pararnos, conocernos y darnos la importancia que realmente tenemos.

Si te pregunto cuál es la relación más importante que tienes en tu vida, ¿qué me dirías? En talleres que he hecho, suelen decir: «Mis hijos», «Mi madre», «Mi pareja», y pocas veces contestan: «La relación más importante que tengo en mi vida es la que mantengo conmigo misma». Porque, en parte, tal y como nos vemos a nosotras mismas determina la imagen que damos hacia fuera y cómo permitimos que nos traten los demás.

Si yo pienso que no tengo grandes cosas que ofrecer, me van a ver de ese modo. No es voluntario, es algo inconsciente, es una energía que desprendes y que los demás ven. Por eso, es importante saber cómo eres, qué energía transmites a las personas de tu alrededor y, sobre todo, a tus hijos e hijas.

Te voy a pedir que te tomes un tiempo para ti, sin distracciones, sin teléfonos, sin notificaciones, sin estar pensando demasiado en lo de fuera, sino más bien regálate este tiempo para reflexionar de una forma más consciente sobre ti misma.

Te advierto que esta parte del libro quizás sea una de las más complicadas, no de leer, sino de asumir. No es pasiva, requiere de tu implicación si de verdad quieres asumir un papel activo, consciente, responsable y respetuoso en tu maternidad. Si estás dispuesta a ello, notarás un gran cambio en tu vida, confía en mí.

A veces, tenemos miedo a hacer este tipo de ejercicios; no nos permitimos saber cómo somos por temor a lo que vamos a descubrir. Es importante que realices estos ejercicios desde la humildad, desde la realidad, desde una mentalidad abierta, porque es lo que realmente te va a ayudar a crecer y conocer tus límites (mentales y físicos), aprender a marcarlos de forma asertiva y convertirte en una persona mucho más consciente de tu potencial.

Te dejo tres ejercicios que puedes realizar en casa tranquilamente y que te van a dar mucha información. Puedes hacer solo uno, dos, todos, y combinarlos como quieras. Lo importante es que te tomes el tiempo para hacerlo y analices la información que recibes.

1. La cuerda de tu vida

Este ejercicio lo he llamado «Cuerda de tu vida», ya que, dependiendo de cómo utilices la cuerda, puede ser una herramienta para ahorcarte y quedarte ahí, estancada, muerta para el resto de tus días, o bien puedes utilizarla para subir y escalar hacia otro nivel en tu vida. Depende de cómo uses lo que sucede en tu vida, te puedes hundir o, por el contrario, puedes trascender, crecer y aprender.

Es un ejercicio muy bonito para conocer tu trayectoria, tanto a nivel personal como a nivel profesional, saber qué momentos han sido importantes y han marcado un antes y un después para emprender cualquier acción, o incluso para conocer qué has aprendido de esos sucesos que han podido ser traumáticos o no.

Dibuja sobre una hoja de papel un punto, que representa el momento actual, y traza una línea (la cuerda) hacia atrás.

Ve haciendo puntos sobre la cuerda. Los puntos van a representar momentos vitales: nacimiento de tus hijos o de algún hermano, el momento en que te uniste a tu pareja, fallecimiento de un ser querido, etc.

También, incorpora momentos significativos en tu vida: si hiciste una mudanza, si cambiaste de colegio/instituto, si sentiste alguna traición, si tuviste un ascenso que te impactó de forma importante, etc.

Piensa dentro de cada uno de los puntos que has dibujado cómo te impactaron a nivel personal, qué pensabas, cómo reaccionaste a lo que sucedió, las emociones que sentías, etc.

Quisiera que reflexionaras si, cuando sucedían cosas menos buenas, te quedabas mucho tiempo anclada en esas emociones;

si eras capaz de transitarlas de forma adecuada; si en todas las ocasiones te has comportado de la misma forma; si has guardado rencor en todas esas relaciones que han supuesto un problema para ti; si, por el contrario, has podido sanar tus heridas paso a paso; si, a día de hoy, consideras que has aprendido de tus errores o, en cambio, sigues cometiendo los mismos...

«El universo nos sigue presentando en la vida
los mismos retos, hasta que aprendemos
de ellos o conseguimos superarlos».

El hecho de que te permitas parar, mirar hacia atrás y reflexionar sobre acontecimientos pasados te va a dar mucha información sobre ti, sobre patrones de conducta, formas en las que reaccionas o respondes a las cosas que suceden en tu día a día.

Ahora bien, es fundamental que tengas en cuenta que el pasado no tiene que determinar tu futuro; es decir, hasta ahora, es posible que hayas repetido patrones y hayas tropezado dos, tres y cuatro veces en la misma piedra. ¿Sabes por qué? Porque no te habías dado cuenta de que reaccionabas siempre igual a todas las piedras que te has encontrado en el camino.

Ahora hay algo diferente. Ahora puedes mirar con perspectiva a esas piedras. A esos puntos que has dibujado en el papel. Ahora sabes que puedes cambiar tu forma de pensar, sentir y de actuar cuando te encuentres con nuevas piedras.

¿Crees que actuaste bien? ¿Te has sentido bien con tu forma de actuar? ¿Harías algo diferente? ¿Aprendiste de tus caídas? ¿Atesoraste los momentos buenos?

Y finalmente, la pregunta clave: ¿qué vas a hacer diferente con la información que tienes en tu poder?

«Lo que rechazas te somete;
lo que aceptas te transforma».

2. Recuento de «castillos y desfiladeros»

Con este segundo ejercicio comprobarás cuántas fortalezas tienes y si sabes dónde están tus debilidades.

Es una herramienta bastante útil para hacer un recuento de nuestras aptitudes y actitudes a nivel personal. Recuerda que «aptitud» es la capacidad para realizar adecuadamente cierta actividad, mientras que «actitud» es una manera de estar, nuestra forma de comportarnos o actuar.

Te invito a que tomes un folio y lo dividas en dos partes. En la parte superior, escribe todo lo que se te da bien, tus talentos, en lo que destacas positivamente, las cosas que haces (y para las que el tiempo pasa volando), lo que las personas suelen agradecerte y elogiarte por ello. Y en la parte de abajo, escribe todas las cosas que no se te dan bien, esos comportamientos o pensamientos que tienes que te hacen sentir mal, que no te aportan estabilidad, habilidades quizás que sientas que no tienes (todavía).

Este ejercicio quizás te resulte complicado porque solemos poner nuestra atención en las cosas que nos salen mal y hacemos un refuerzo negativo sobre las mismas. Lo mismo sucede en la crianza. Habitualmente siempre pones tu atención en las cosas que tus hijos hacen mal, por lo que refuerzas —negativamente— esa conducta.

Esfuérzate cada día en destacar las cosas que se te dan bien y que haces bien, mejorarás mucho tu concepto sobre ti. Ya lo verás. Con el ejercicio que te he propuesto verás lo que tienes, es decir, tu materia prima. De ti depende decidir lo que vas a hacer con lo que has visto.

La invitación que te hago es la siguiente:

- Refuerza todo lo que haces bien, sigue haciéndolo, regálate los oídos con eso en lo que destacas, apréciate, valórate. No lo dejes en el olvido. Apaláncate en esta parte para seguir creciendo. Esto es muy muy importante; no te olvides. Quiérete cada día más.

- No utilices la falsa modestia.
- Analiza y plantéate qué quieres hacer con esas cosas que son desfiladeros, por donde tú misma te estás saboteando.

Cuando te digo que analices, me refiero a que, si, por ejemplo, has dicho: «Soy muy impulsiva», y, al mismo tiempo, has pensado: «A nivel social quizás no esté bien visto, pero a mí me da espontaneidad a mi vida simple y sencilla»; entonces, ¿por qué lo has puesto como un desfiladero?, ¿en debilidad? ¡Está claro que para ti es un gran castillo! ¡Aprovéchalo!

Si, por el contrario, has dicho: «Soy muy impulsiva», y has pensado: «La de líos en que me he metido por no pararme a pensar lo que digo». Aquí tienes que decidir: ¿quieres hacer algo para cambiar, o quieres seguir así?

Todo va a depender de lo que tú decidas hacer con lo que tienes o no tienes. «No se me da bien hablar de mis emociones», decide: ¿prefieres seguir tal y como estás, o te vas a formar y aprender? Tú tienes el poder de elegir qué camino quieres seguir.

3. Preguntar a los demás

Lo excitante de este ejercicio es que nos permite ver cómo somos percibidos por las personas que nos rodean, y lo suelen hacer en función de la información/energía que emitimos al exterior.

Te explico cómo ponerlo en práctica:

- Escoge varias habilidades, aptitudes o actitudes importantes para ti. Elige al menos 15 o 20 y evalúate sobre ellas con una puntuación de 0 a 10. Por ejemplo: empatía, asertividad, capacidad de escucha, capacidad de negociación, expresar emociones, impulsividad, control, responsabilidad, capacidad de reconocer los errores, capacidad de pedir perdón, motivación, resistencia al estrés, capacidad para mantenerte serena, paciencia, sentido del humor, coraje, comunicación, etc.

- Piensa qué puntuación te darías a ti misma y, si quieres, razónalo (todo esto es información para ti, no la tienes que compartir con nadie; así que, con la mano en el corazón, sé totalmente honesta).

- Después, pide a determinadas personas con las que tienes confianza que te evalúen la misma lista (no les digas la nota que te has puesto tú). Diles que estás haciendo un ejercicio de desarrollo personal y que necesitas que te hagan el favor de evaluar esas habilidades y, si pueden, que razonen el motivo por el que te dan esa nota.

Fundamental: tienes que hacerles saber que no te tienen que decir lo que quieres escuchar. El ejercicio no es válido si te dicen las cosas para complacerte, por eso tienen que ser personas en las que confíes, en las que sabes que te dicen las cosas para que puedas seguir creciendo y lo hacen desde el amor hacia tu persona.

Ejemplos que podrían darte:

- Comunicación: un 5. «Porque creo que te guardas mucho las cosas para ti por no preocupar a los demás».
- Empatía: 10. «Eres demasiado empática, sufres mucho por los demás».
- Paciencia: 9. «A veces deberías saber marcar límites, aunque es muy agradable saber que, por muchas veces que te llame, siempre escucharás con paciencia».

Como ves, la nota es secundaria. Es un mero punto de partida sobre el que las personas van a empezar a hablar de ti.

Analiza la información que recibes:

- Quizás pienses que tener un 10 de empatía está genial, pero tienes que leer y analizar el comentario que viene a continuación y sacar el mensaje real.

- Cruza las puntuaciones: lo que tú piensas de ti misma, lo que te dicen los demás con sus comentarios.

- Si existen grandes diferencias (por ejemplo, tú piensas que eres un 4 de empatía, mientras que la mayoría opina que tienes 6, 7 o 9 de empatía), hay algo raro. ¿Qué está pasando ahí? ¿Qué energía estás transmitiendo hacia fuera? Pregúntate por qué puede ser y cómo puedes modificar quizás esa (baja) percepción que tienes sobre ti.

- Si hay diferencias puntuales, investiga qué sucede. Si, por el contrario, casi todas coinciden, es que tu parte privada (lo que piensas sobre ti) y tu parte pública, o incluso ciega para ti (lo que no eres capaz de ver de ti), están muy alineadas, y desprendes hacia fuera tu verdadera esencia. Eres transparente como el cristal. ¿Eso es lo que quieres?

Como ves, no hay respuestas buenas o malas, todo depende de lo que tú quieras. Tu trabajo aquí consiste en analizar y ajustar en función de tu necesidad o tu deseo.

AUTOCONCEPTO

Una vez que ya te has dedicado un poco de tiempo para ti, para conocerte, quiero que analices si eres tal y como pensabas; si quizás con determinadas personas te comportas como se espera de ti y no muestras tu verdadera esencia. ¿Eres coherente en todas las versiones de ti misma? Porque te recuerdo que estás en tu derecho de tener diferentes versiones, siempre y cuando la esencia permanezca.

En el trabajo puedes estar más seria, aunque guardes ese punto bromista. En tus actividades lúdicas puedes mostrarte más loca, aunque sigas siendo responsable, o viceversa: en el trabajo puedes ser risueña, graciosa, divertida y, al mismo tiempo, muy responsable, emprendedora, activa y efectiva.

Como ves, existe una separación entre lo que tú eres, lo que transmites hacia fuera, lo que los demás perciben de ti, lo que esperan de ti, lo que estás dispuesta a dar o no, lo que no tolerarías jamás con unas personas pero con otras tal vez sí, con matices, etc. Con esto quiero decirte que tienes muchas versiones de ti misma, que todas son correctas y que tú eres la que decide en todo momento quién quieres ser.

El autoconcepto es lo que piensas de ti en los diferentes contextos y distintas facetas, ya sea como mujer, como trabajadora, como madre, como deportista, etc., y tienes que ser consciente de cómo eres y de cómo te adaptas a las diferentes circunstancias.

Quizás esta parte del libro está más enfocada a la mujer, porque (y afortunadamente es una tendencia que está cambiando) nosotras hemos sido criadas y educadas para ponernos a disposición de los demás; nos han inculcado la culpa, el sacrificio, el no priorizarse, estar en segundo plano. Lamentablemente, hemos crecido con unas creencias que nos han posicionado en un lugar de carencia, porque, si teníamos ambición, nos tildaban de malas mujeres o malas madres por no desear permanecer con nuestro bebé, por no querer darle el pecho, por preferir tener una tarde para cuidarnos a estar en casa pegada a la criatura.

Espero que a ti, si eres hombre, estas palabras te hagan comprender por lo que pasamos las mujeres. No todas, cierto, ni todos los hombres viven ajenos a esta realidad, pero esto es gracias a todas las personas que día a día trabajamos por la visibilización de comportamientos normalizados que no son normales.

Que algo sea habitual no significa que sea normal.

Y si, como yo, disfrutaste plenamente de tu maternidad; pudiste pasar más tiempo del legalmente establecido con ellos; si, cuando comenzaste a trabajar, echabas de menos a tus peques y te sentías triste por estar alejada de ellos; si disfrutabas y desconectabas pasando tiempo con ellos; si no necesitabas irte de fin de semana solo con tu pareja; si querías disfrutar de tiempo en familia; si tus momentos de recuperar pilas eran cuando jugabas con tu pequeño, o cuando le contabas un cuento, o incluso cuando podías estar con ellos bañándolos, dándoles de comer y cenar; si hasta peleando sentías que estabas en el lugar adecuado, también deseo darte la enhorabuena, porque fuiste coherente y lo sigues siendo.

Autoconcepto implica conocerte, y aceptarte implica que, sabiendo cómo eres, agradeces todas tus partes, las buenas y las menos buenas, y eres coherente con lo que piensas de ti. Asumes tus debilidades y, si en un momento determinado sientes que tienes que mejorar, trabajas por ello, y, si no, sientes bienestar tal y como eres.

Muchas mujeres, sin embargo, sienten gran desconexión no solo entre ellas y sus hijos o hijas, sino también consigo mismas, con sus parejas, con su trabajo, con sus amistades, y se dedican a reaccionar emocionalmente de una forma desmedida, o bien están constantemente instaladas en la queja, o muy tristes, o muy iracundas, enfadadas todo el tiempo, rabiosas contra el mundo (hijos y parejas incluidos). Esta es una señal muy clara de que no estamos realizando un buen autocuidado, tanto a nivel físico como emocional. Por tanto, necesitas tomar las riendas de tu vida y comenzar a cuidarte para dar ejemplo.

Necesitas enseñarles a tus hijos e hijas que está bien parar, tomarse un tiempo y cuidarse. Y mucho más en estos tiempos que corren, donde peligra mucho la salud mental. Y salud mental y salud física están estrechamente ligadas. Si tú te cuidas, tendrás hijos e hijas que se cuidan. Esto es un «ganar-ganar».

¿Cómo puedes mejorar la relación que tienes contigo misma?

Somos las personas con las que estamos las 24 horas del día y, a veces, nos tratamos mal. No es que no nos cuidemos, es que, encima, nos descuidamos. Nos hablamos con reproches, nos insultamos, nos *ghosteamos* (acto por el cual una persona desaparece de nuestra vida y comienza a ignorarnos sin decirnos el motivo) a nosotras mismas.

- «Me duele la cabeza... Pero voy a seguir, porque esto es importante».
- «Como mal, de pie y en cinco minutos, porque, si no, no llego a por los niños al cole».
- «Duermo fatal por las noches, pero eso es porque tengo muchas cosas en la cabeza, y yo, con seis horitas, ya tengo suficiente».

¿Te suenan este tipo de comentarios?

Después de haber puesto en práctica los ejercicios de autoconocimiento, si has tenido la valentía de mirarte a los ojos sin engañarte, es posible que hayas descubierto cosas que no te han gustado. Puedes hacer tres cosas:

- Aprender a convivir con ello.
- Cambiar aquello que no te gusta.
- Acercarte a ti misma desde una posición mucho más amable y compasiva.

Y por suerte, puedes hacer las tres al mismo tiempo.

«Nadie puede ofrecer lo que no tiene dentro».

¿Cómo ofreces serenidad si tú no tienes serenidad? ¿Cómo aprenden tus hijos serenidad si no la ven en su día a día en tus actos? Eres el/la mejor *influencer* de tus hijos y te observan todo el tiempo. Sé coherente.

Deja de sermonear sobre el orden si tu mesa de trabajo es un caos. Aprende a organizarte si quieres enseñarles organización y planificación. No hables mal de personas que no están presentes si no quieres que ellos lo hagan. Deja de ofrecer rencor, odio, mal talante, quejas, malos modos, si quieres que tus hijos no lo hagan. Tan simple como eso.

«Una persona que se siente bien, actúa bien».

Como ya te adelanté, el autocuidado es un pilar fundamental no solo en la crianza de tus hijos, sino en otros aspectos de tu día a día para ser individuos completos.

Una forma importante de cuidarte es empoderarte con información: sobre nuestro desarrollo, sobre la propia maternidad y sobre las creencias arraigadas en la maternidad, en la crianza, etc.

Cuidarte implica sentirte bien con tus decisiones, con tus comportamientos, y asumir que no eres perfecto/a, pero que tampoco tienes que serlo.

Cuando, durante el proceso de crecimiento y aprendizaje, compruebas que incorporas a tu vida diaria todo lo que has leído y experimentado en tus carnes, como los fracasos, las caídas, las frustraciones, los sabotajes, pero también los éxitos, las alegrías, los tiempos de disfrute, la serenidad, etc.; todo eso se transforma en una especie de sabiduría por la experiencia que has adquirido a lo largo del tiempo.

Así que te pido que siempre adaptes todo lo que lees a tu propio caso, a tu vida, a tus posibilidades, con calma, empezando por una sola cosa y sin querer abarcar todo en un periodo corto de tiempo. Pues la vida es un proceso, la maternidad es un proceso, todo es un proceso, y requiere tiempo, disciplina, constancia, voluntad, paciencia y disfrute. Y sobre todo, sin compararte y sin frustrarte por no conseguir lo que otros consiguen. No añadas más presión sobre ti.

En todo caso, repite estos mantras:

- «Lo estoy haciendo bien».
- «Lo estoy haciendo lo mejor que sé y puedo».
- «Yo también estoy aprendiendo».

Tú, como madre, como padre, también estás aprendiendo, es importante que no lo olvides. Recuerdo una ilustración de Mafalda en la que ella decía que las mamás nos graduamos en el mismo día en el que ellos fueron hijos por primera vez.

Cuando tus niños son pequeños, actúas más como cuidador primario; distraes y educas día a día; siembras durante años para recoger frutos en la edad adulta.

Cuando llegas a la etapa en que tus hijos son adolescentes, cuentas con una gran ventaja que tienes que aprovechar para conectar con ellos: tú pasaste por esa época con consciencia y tienes recuerdos muy vívidos de todas las emociones que sentías. Ahora puedes acompañar con la sabiduría de adulto.

No desprestigies a la adolescencia, no es una mala etapa. Es otra etapa más que hay que transitar de forma consciente, responsable y respetuosa.

Tu propia adolescencia impacta en la de tus hijos, así como el trabajo de desarrollo personal que hayas hecho *a posteriori*. Dependiendo de la mirada que tengas de tus hijos en la adolescencia, conectarás más o menos con sus problemas y sus emociones.

AUTOCUIDADO

Todas tus experiencias determinan en cierto grado cómo afrontas las cosas que suceden. Y aunque las experiencias están grabadas y no se puedan borrar, no puedes permitir que te definan o definan tu estilo de crianza.

Hoy estás leyendo este libro porque quieres hacerlo un poco mejor, y eso te honra. Quieres ser el mejor modelo para tus hijos e hijas; quieres ser su gran *influencer*. Y para eso, necesitas prepararte bien.

A mí me sucedió algo parecido.

Cuando fui madre por primera vez, tenía muchas ganas de serlo. Estuvimos intentándolo muchos años, y, cuando por fin lo conseguimos, me asusté. No sabía lo que eso implicaba a nivel emocional o psicológico; no tenía ni idea de gestionarme a mí misma, ¿cómo demonios iba a saber gestionar las emociones de mi hija? ¿Cómo iba a mantener la calma si, en ocasiones, era yo misma la que estaba en plena ebullición?

Tenía, por una parte, un desconocimiento total de lo que se me venía encima con una niña pequeña (y cuando vino la segunda, ya ni te cuento). Tenía una ausencia total de inteligencia emocional que me impedía saber gestionar mis propios impulsos, emociones, pensamientos, actuaciones. Tenía tanta información desperdigada por mi mesilla de noche y por mi cabeza que, a veces, hacía que colapsara y entrara en pánico. Contaba con un déficit de sueño acumulado por las noches, sin dormir por los cólicos, por los miedos, las incertidumbres, pensando en volver a trabajar. Estaba viviendo en modo amenaza o supervivencia, como muchas mamás hoy en día. No fui ni seré la única.

La maternidad y su reflejo

La maternidad te pone frente a tu mayor enemigo: tu reflejo. Ese al que no has aceptado todavía; ese al que temes; ese que te cuestiona todo lo que dices o piensas; el que provoca tus ataques de ansiedad; el que no te deja dormir por la culpa; con el que a veces lloras hasta la extenuación.

A veces, las madres pensamos que estamos luchando contra nuestros hijos. Y la realidad no es esa, sino que luchamos contra todo: contra la sociedad, la familia, la diversión, la pareja, los «gurús» de la crianza que te dicen «así o asao» y no se ponen de

185

acuerdo. Y lo que es peor, también somos nosotras luchando contra nosotras mismas. Y en esa lucha nos vemos solas.

Solo cuando aceptemos cómo somos, que tenemos fallos, que queremos algo y nos da vergüenza conseguirlo, que sentimos culpa cuando buscamos momentos de soledad, que tenemos miedo a no ser capaces, que creemos no merecer ser felices, que queremos llorar pero nos tragamos las lágrimas...; cuando te aceptes a ti misma, en ese momento la lucha termina.

En esta lucha tienes al enemigo en casa (y no es la criaturita que te persigue y demanda constantemente, como tampoco lo es la persona adolescente que te reta a cada rato). La enemiga eres tú cuando: no estableces límites, no dices «No», quieres agradar a todo el mundo, eres la borde, contestas mal, sientes que no vales para nada, te criticas, te comparas con las demás, cedes sin querer ceder, no te priorizas por el motivo que sea, no descansas o te cuidas... ¡No! Para. No te estás haciendo bien.

Quiérete. Solo un poco al principio. Luego, te acostumbras, ya verás. Y te hace sentir un poco bien. Y después, ya sí: quiérete todo. Y enséñales a tus hijas e hijos a quererse todo. Todas sus partes: las buenas, las regulares, las malas.

Aprende a quererte y respetarte. Así enseñarás a tus hijos e hijas una valiosa lección: a quererse y respetarse. Y dentro de esta lección puedes enseñarles que toda persona, por el simple hecho de ser persona, tiene una serie de derechos asertivos.

Derechos asertivos

Los derechos asertivos no tienen nada que ver con los derechos legales, sino que forman parte de nuestros valores: determinan lo que es tolerable y lo que no; lo que queremos negociar y lo que no.

Los derechos asertivos ayudan a poner límites, a autoafirmarte y defender tus necesidades en un momento determinado, siempre que se establezcan desde el respeto y sin vulnerar el derecho de las demás personas que nos rodean.

Hay muchas listas de derechos asertivos universales. Aquí te dejo unos cuantos que, para mí, son fundamentales, pero recuerda que, al trabajar con personas a nivel particular o familias a nivel global, cada persona, cada unidad familiar debe tomarse un tiempo para saber qué va a admitir y qué no va a tolerar en la relación con los demás.

¿Qué derechos asertivos tienes?

- Tienes derecho a priorizarte, a pensar en ti, a cuidar de tus necesidades por encima de los deseos de los demás.

- Tienes derecho a equivocarte, pues la vida es un proceso de aprendizaje y adaptación continua. Si te equivocas, aprende del error y continúa.

- Tienes derecho a tener tu propia opinión, aunque esté en contra de lo que la «mayoría» piense. Ahora tu trabajo es expresar esa opinión con respeto y humildad, así como recordar que tu opinión no es la verdad absoluta.

- Tienes derecho a cambiar de opinión, precisamente porque la vida consiste en adaptarse a las nuevas informaciones o experiencias que vives.

- Tienes derecho a cambiar las cosas que no te gustan de ti o de tu entorno. Siempre teniendo presente que lo que no puedes cambiar es a las demás personas. Quizás tengas que cambiar la forma en la que aceptas a los demás.

- Tienes derecho a expresar todas tus emociones sin que los demás las invaliden y también pedir ayuda si lo necesitas.

- Tienes derecho a ignorar las opiniones de los demás.

- Tienes derecho a decir «No» a una petición. Si no te puedes negar, no se trata de una petición, sino de una orden.

- Tienes derecho a reconocer que haces las cosas bien. Que no te hagan creer que eres una persona creída o con falsa modestia por alentarte a ti mismo.

- Tienes derecho a estar en soledad si no deseas compañía.

- Tienes derecho a no dar explicaciones ni justificaciones ante los demás.

- Tienes derecho a no responsabilizarte de los problemas de los demás.

- Tienes derecho a ser tratado con respeto y dignidad. Y si no es así, tienes derecho a alejarte o a protestar por ello.

- Tienes derecho a pedir lo que quieres y tienes obligación de aceptar un «No» cuando no te lo den.

- Tienes derecho a parar y descansar, alejarte cuando necesites tiempo para reflexionar.

Aquí puedes sumar muchos más, siempre que no olvides que en la asertividad es fundamental respetar tus derechos y los de las demás personas.

Y ya que hemos hablado de derechos, permíteme hablarte de la obligación, pero como forma de someter a otro (no como forma de cumplir las reglas), y ten esto bien presente cuando eduques a tus hijos e hijas.

En esta época, la palabra *obligar* está obsoleta.

«Puedes obligar a un caballo a ir a la orilla del río, pero no puedes obligarlo a beber».

Sé que la frase que te escribo a continuación no te va a gustar. Cuando os la digo, todos sentís rechazo: «No puedes obligar a tus hijos a hacer cosas que no quieren hacer».

Y no te gusta porque quieres que tus hijos te obedezcan, que te hagan caso y que no te discutan.

Antes de cerrar el libro y pensar que estoy loca, por favor, sigue leyendo.

Cuando dejes de obligar a tus hijos a hacer cosas y empieces a permitir que te argumenten sus razones, que te hablen; cuando los escuches; cuando les expliques las razones por las que crees que tienen que hacer algo (comer o dormir a una determinada hora) y aceptes que no lo hagan, los estarás enseñando a negociar, a expresar su opinión, a decidir sobre sí mismos, a escucharse, a saber que nadie los puede obligar a hacer algo sin su consentimiento.

Ahora te parecerá algo complicado de entender, pero permitir esto los ayudará contra el abuso o el acoso. Piensa que, si tú los obligas a hacer algo, cuando estén en un trabajo, en la escuela, con su grupo de amigos, y alguien les diga que tienen que hacer algo, sentirán que es lo normal, que ellos tienen que seguir las directrices de lo que otros les marquen, porque es lo que han aprendido en casa, y entonces tomarán drogas porque alguien se lo dijo, soportarán abusos físicos o emocionales porque lo vivieron en casa, considerarán aceptables conductas que no son tolerables y creerán que su opinión no importa, que no tienen derecho a decir que no. En definitiva, serán las marionetas de todas aquellas personas que quieran manipularlos.

Cuando en el trabajo le digan: «Ven a mi despacho esta tarde, después del trabajo, y haz esto. Si no, no promocionarás», lo hará. Cuando un compañero de clase le diga: «Dame tu bocadillo. Si no, diré a todo el mundo que te sacas los mocos y eres un cerdo», se lo dará. Cuando un familiar le diga: «Acércate y dame besos y caricias de esta forma, porque, si no, le diré a tu madre que eres malo», lo hará.

«Ten cuidado con lo que consientes, porque le estás enseñando a la gente cómo debe tratarte».

Si tú no los obligas a hacer cosas que no quieren, aprenderán que nadie los puede obligar a hacer cosas que no quieran hacer.

Y si no puedes obligar a tus hijos a que hagan algo que no quieren, entonces, ¿qué sí puedes hacer?

- Explícales tus razones para que sí hagan lo que les pides.
- Escúchalos y déjalos argumentar.
- Estableced cuáles son vuestros límites innegociables.
- Pregúntales si, en lugar de hacerlo en el momento que se lo pides, lo pueden hacer en otro momento.
- Decide lo que tú vas a hacer: «Cariño, no puedo obligarte a ordenar tu habitación. Lo que sí puedo hacer es que, cuando esté limpiando tu cuarto, si veo que tienes ropa por el suelo o papeles desperdigados por la mesa, los retiraré, donaré o tiraré a la basura, porque entiendo que las cosas del suelo no son importantes para ti».

Reflexiona sobre esto que te acabo de contar y ponlo en práctica en casa.

AMOR PROPIO

La base del amor propio es el respeto a uno mismo. Porque, si tú no te respetas y pones límites de forma asertiva, no te tienes amor. Sí. Siento ser así de franca. No te quieres.

El amor a uno mismo es innato y, sin embargo, con el paso del tiempo, va desapareciendo. O mejor dicho, lo vamos cediendo.

Si recuerdas, en el capítulo 2 ya te hablaba acerca de la valía. Cuando naces, tienes valor por ti misma: simplemente por el hecho de existir, vales. Y cuando somos pequeños, lo creemos realmente, pero de pronto un día dejamos de sentirnos valiosos.

Hay muchas razones por las que dudamos de nuestra valía, pero la que me ocupa a mí ahora tiene que ver con el amor condicional que creemos que recibimos de nuestros padres o cuidadores principales, y una de ellas es que sentimos que o hacemos lo que nos dicen nuestros padres o no nos van a querer. Interpretas que solo vales cuando obedeces fielmente lo que te dicen; que solo te quieren cuando dejas de hacer ruido cuando tus padres hablan; que solo eres importante cuando traes buenas notas; que solo vales cuando te comportas como «tu prima, la buena»; que solo te quieren cuando te terminas todo lo que hay en el plato, etc.

Ese es un gran punto de inflexión: el primero de todos los que tendrás en tu vida. Y que te dañará. Que te dejará una cicatriz, y, como recuerdo de esa cicatriz, empezarás a comportarte de una forma determinada para encajar en los estándares que tus padres quieren, que tus amigos quieren, que los profesores quieren, que tus jefes quieren, que tu pareja quiere o que la sociedad, en general, quiere de ti.

Y ya te habrás perdido. Ya no serás tú, sino que serás tú intentando encajar en cajas que no son de tu tamaño.

Normalmente, serán cajas muy pequeñas para toda tu grandiosidad, para todo tu maravilloso talento y tu esencia, pero te creerás lo que digan de fuera, creerás más en lo que opinan los demás sobre ti que en lo que tú realmente vales.

Te habrán robado tu esencia, tu poder, tu don: ser capaces de amarnos de forma incondicional a pesar de que no nos sintamos merecedores de amor, o a pesar de que creamos que solo merecemos amor si somos de una forma determinada.

Somos dignos de amor y de respeto siempre, y tenemos que aprender a querernos, amarnos, respetarnos, porque la forma en la que nos hablamos, nos escuchamos o nos comportamos establece la forma en la que los demás nos van a tratar.

Por eso, es importante que el amor hacia nosotros mismos no sea cuestionado jamás. Por mucho que pensemos que no tenemos las cualidades suficientes, o no cumplimos con los estándares de belleza adecuados, o no poseemos los títulos o trofeos correctos en nuestras vitrinas; por muchas heridas que hayamos sufrido y pensemos que nos merecemos que nos las hayan infligido, no es así: no te creas esa mentira.

¡Eres digna de amor! Aprende esto desde el principio. Repítelo a diario. Es la base de tu bienestar emocional, y desde ahí es donde puedes comenzar a construir tu identidad, desde el amor incondicional hacia ti misma.

Y dicho esto, ten presente que eres un espejo donde reflejas tu esencia a los demás, especialmente a tus hijos, por lo que una de tus responsabilidades como cuidadora principal es hacerles saber que tienen que amarse y respetarse en todo momento. Así que fíjate lo importante de tu labor como papá, mamá o figura de referencia.

Tú eres su modelo, eres su figura de influencia, no esos que están en Youtube, Instagram, TikTok o cualquier red social que se invente.

A lo largo de mis años como madre, tengo que confesar que me he equivocado muchas veces. Por ejemplo, dejé llorar a mi hija en la cuna a la hora de dormir, me fie de personas que me decían que tenía que hacerlo, creí en cosas que «profesionales» me decían porque no tenía ni la información, ni la formación, ni la seguridad en mí misma.

Tuve días en los que dudé si continuar dándole el pecho a mi hija porque el personal sanitario me decía que mi leche no servía. He llorado al recordar que seguí «las normas» de sacar de mi habitación a mi hija mayor y no permitirme colechar, porque me decían que no era sano, que era mejor poner la cuna en otra habitación.

Pero un día algo cambió. Yo quería agradar a los demás, ser merecedora de amor y de aprobación, y lo que hacía era escuchar a los demás, ceder, callarme, pensar en que otros sabían más sobre crianza que yo, hasta que descubrí que de la relación con mi hija nadie sabía más que yo, y no solo confié en ese vínculo y en mí misma, sino que trabajé en mi desarrollo personal, como madre, como mujer, como persona.

Descubrí que no todos los profesionales están actualizados y me formé en muchos ámbitos: psicología individual, disciplina positiva, *coaching*, inteligencia emocional, *mindfulness*, y, de pronto, los puntos fueron uniéndose de forma mucho más clara, y pude ver qué quería realmente en mi día a día conmigo, con mi familia, para mí y para mi familia.

Por eso, te invito a que creas en tu criterio y que contactes con un profesional con el que te sientas cómoda, no juzgada ni culpable, sino que te permita equilibrar tu situación actual con las herramientas que te ofrezca, que haya flexibilidad, adaptabilidad, respeto mutuo.

Quiero además que dejes la culpa de lado, porque nos persigue desde que somos pequeños. De hecho, la culpa es uno de los mecanismos de control más utilizados en todos los niveles: social, cultural, familiar, religioso.

A través de la culpa hemos aprendido a sentirnos inadecuados si no seguíamos «las reglas establecidas» impuestas por determinada autoridad, llámese el Estado, la Iglesia, el profesorado o papá y mamá. Sin embargo, la culpa nos paraliza, no nos deja ver las posibilidades, nos hace creer realmente que somos malos y merecemos un castigo si queremos redimirnos.

En crianza RCR sustituyo la culpa por la solución. Da igual quién de tus hijos haya empezado una discusión, busca cómo solucionar el conflicto que ha surgido.

Deja de preguntar: «¿Quién ha sido?»; «¿Quién lo ha roto?»; «¿De quién es la ropa que está en el suelo?»; «¿Quién no ha puesto la mesa?». Y piensa en soluciones: «¿Cómo arreglamos el jarrón que se ha roto?»; «¿Cuál es el sitio de la ropa sucia?»; «¿Qué necesitamos para cenar?».

La culpa no sirve para nada positivo. Por eso, en crianza RCR se sustituye por la responsabilidad, por la solución, por la posibilidad, por la redención, la esperanza.

AUTOCUIDADO REAL Y BARATO

Ya te he ido contando varias cositas a lo largo del capítulo, y ahora te voy a decir nueve cosas más que puedes practicar desde ya y que, sobre todo, no te van a costar ni tiempo ni dinero.

1. Trátate con cariño

Las palabras crean la realidad, por lo tanto, es imprescindible que te hables a ti misma bien: con amabilidad, con respeto, con amor, con compasión, con paciencia.

¿No te pasa que a veces se te cae algo, te manchas la ropa, te das un golpe y lo primero que te dices es «¡Pero qué torpe soy!»? Eso es un claro ejemplo de hablarnos mal.

Recuerda separar tu ser de tus actos: «No eres torpe, has tropezado y se te ha caído algo», sin más.

2. Deja de sabotearte

Empieza a escuchar tus voces interiores. Sí, no estoy loca, ni tú tampoco, pero lo cierto es que todos tenemos diferentes voces en nuestro interior. Lee a continuación y dime si las reconoces:

- La «voz alentadora», que te anima a seguir aunque fracases o estés cansada.
- La que «te culpabiliza», que te dice que tú tienes la culpa de lo que ha sucedido.
- La voz que «te sana y acuna», cuando te permites parar, transitar una emoción dolorosa, cuidarte y tomarte un tiempo de descanso.
- La que «te asusta», que está atenta a todos los peligros y no te permite probar cosas nuevas.

- La voz que «te juzga», «te etiqueta», «te machaca» cuando intentas progresar. O fracasas, y te dice: «Te lo dije».
- Etc.

Te pondré un ejemplo:

Cuando vas a hacer algo y tienes un poco de miedo, o cuando debes tomar una decisión, ¿qué te dices a ti misma? «Venga, es complicado, pero con un poco de esfuerzo lo voy a lograr», o «No voy a ser capaz, soy tonta», o «¡Siempre te pasa lo mismo! Ya lo sabía yo. Te quedas bloqueada y no avanzas, ¡inútil!».

Si profundizas un poco, ¿esa voz que escuchas es tuya, o puede ser que estés identificando voces de personas que te educaron y criaron?

En realidad, estás reproduciendo voces que escuchaste en tu infancia. Así que presta atención a cómo te comunicas con tus peques o adolescentes; la voz con la que les hables a tus hijos se convertirá en su voz interior cuando sean adultos, y será la voz que «escuchen» cuando tengan que afrontar algún suceso.

¿Qué voz deseas alimentar en tus hijos? ¿Una voz que los anule, les meta miedo, los haga compararse constantemente con los demás, los haga sentir pequeños, que no encajan, que no son suficientes, que no importan? ¿O, por el contrario, una voz que les permita ser, hacer, estar, cumplir sueños, atreverse, probar, caerse, levantarse, fracasar, ser diferentes, permitirse disfrutar, etc. Tener voces que anulan duele mucho, y es fundamental sanar?

Para ello, primero tienes que aprender a sanarte tú, para no desangrar tu herida sobre las personas que más quieres (tus hijos).

«*No puedes solucionar un problema que no sabes que tienes*».

Para hacerlo, toma conciencia de las voces que tienes:

1. Agarra un papel y escribe diferentes situaciones.
2. Describe cómo te hablas en cada situación.

3. Clasifica las voces: ¿te alientan?, ¿te hunden?, ¿te hacen sentir pequeña?, ¿te hacen creer que puedes lograrlo?

4. Separa las voces alentadoras de aquellas que no te dejan progresar.

5. Analiza en qué situaciones se dan y cambia tu narrativa. Cambia tu discurso.

Al sentir que una voz desagradable va a hundirte, trátate con compasión y busca la voz más positiva posible: «Soy buena en esto, estoy aprendiendo, lo voy a lograr. Ahora me cuesta un poco, pero lo conseguiré. No lo sé hacer todavía, no he practicado lo suficiente, mañana lo vuelvo a intentar».

3. Escúchate y hazte caso

Lo que piensas es válido, tus opiniones son importantes, aunque los demás no estén de acuerdo contigo. No pretendas encajar con situaciones o personas que, en realidad, poco o nada van a aportarte.

Escucha la energía que sientes cuando estás con las personas y hazte caso. Hemos dejado que la razón nos domine, pero ¿no sientes a veces que tienes rechazo por alguien y no sabes por qué? Entonces, ¿por qué insistes en permanecer a su alrededor?

Protege tu energía, debería ser sagrada para ti.

4. Priorízate

Siguiendo con el ejercicio de las voces, una vez que las conoces, elimina la voz que te dice que no eres importante, que no vales.

Mírate en el espejo y di frente a tu reflejo: «Soy importante y soy valiosa». Es un ejercicio muy sencillo y muy fácil de hacer, y, sin embargo, cada vez que se lo propongo a una de mis clientas, me dicen que no son capaces, que se ponen a llorar, que no se atreven a decírselo. Y si lo hacen, no se lo creen, se sienten impostoras, falsas.

Yo misma, al principio, no era capaz de decírmelo. No me daba vergüenza, es que sentía que no era cierto. No me permitía darme importancia, era una segundona en mi propia vida, hasta que un día dejé que la opinión de los demás sobre mí predominara sobre la mía propia. Y ahí me perdí.

No permitas que nadie te diga que no vales o no eres crucial. En el momento en el que percibas que en una relación te estás sintiendo así, el siguiente paso es alejarte de ahí.

Es fundamental sentirte valiosa en todo momento. Porque sí. Lo eres. No necesitas demostrarle nada a nadie. Si aprendes esto, estarás haciéndoles un gran regalo a tus hijos e hijas, que sentirán que no tienen que ir por la vida demostrando su valor o cumpliendo las expectativas de los demás.

«*Yo valgo por el mero hecho de existir*».

Una vez que sientes de verdad que eres valiosa, aprende a decir que eres importante y que, como tal, necesitas ocupar el lugar que te corresponde. Y ese lugar es el primer sitio de la fila.

«*No eres más que nadie.*
No eres menos que nadie».

Es decir, necesitas ponerte primero.

¡No eres egoísta por cuidar de tus necesidades! Repítelo hasta que te lo creas.

Una parte a tener en cuenta para priorizar es aprender a decir «No». Cuando siempre dices que sí a los demás, al final a quien le dices que no es a ti misma, y te pones en segundo, tercer lugar (o a las malas, en el último lugar).

Y como no es fácil decir que no a los demás, dale la vuelta: aprende a decir que sí a ti primero:

- Sí a recuperar tu tranquilidad.
- Sí a descansar un rato.
- Sí a quedar con las amigas.
- Sí a escuchar música en soledad.
- Sí a leer un libro.
- Sí a cocinar tu comida favorita.
- Sí a pedir comida ya hecha.
- Sí a pasear bajo la lluvia.
- Sí a ver una serie.
- Sí a poner límites.
- Sí a ser tú misma.
- Sí a dejar de sonreír a todo el mundo.
- Sí a pasar de planes que no te apetecen.

Para eso, para saber a qué quieres decir «Sí», tienes que saber qué es fundamental en tu vida, qué es lo que te hace vibrar, qué es eso absolutamente imprescindible, y luego hacer tres listas:

1. ¿Qué cosas son importantes para ti? Educación, respeto, familia (en el capítulo en el cual hablo de valores profundizaré sobre este tema y cómo te puede ayudar con tu pareja o tu persona adolescente.

2. ¿Cómo se manifiestan? Llegando puntuales, hablando bajito, saliendo pronto de trabajar.

3. Clasifica esas cosas que son importantes, con una matriz de priorización. ¿Conoces la de MoSCoW? Cosas que:
   - *Must*: tienen que estar indiscutiblemente.
   - *Should*: deberían estar.
   - *Could*: podría aceptar o no.
   - *Won't*: jamás utilizaría o haría.

Por ejemplo, en una relación (amistad, pareja, hijos):

– *Must*: tiene que haber respeto.
– *Should*: debería haber comunicación.
– *Could*: podría haber conflictos.
– *Won't*: definitivamente no habrá gritos.

Una vez que sabes qué es importante para ti, las decisiones se vuelven más fáciles, tanto en tu maternidad como en tu día a día.

Pregúntales a tus hijos qué es importante para ellos también, interésate por sus cosas, no a modo de interrogatorio, sino como una manera de conectar con sus inquietudes y mejorar la relación con ellos.

¿Qué música les gusta? ¿Qué moda se lleva ahora? ¿Qué aplicaciones de móvil son las más *trendy*? ¿Alguna serie que les llame especialmente la atención? Y con toda esa información, piensa si puedes hacer algo con ellos de forma lúdica, sin que tengas que ser «el petardo de papá» o «la pesada de mamá».

Quizás por una tarde haced algo juntos sin el hilo invisible de vuestra relación «madre/padre-hijo/a». Te llevarás una grata sorpresa de lo diferente y divertida que es esa persona adolescente que tienes en casa y que creías haber «perdido».

5. Rebaja tu autoexigencia

La exigencia también suele ser una bonita herencia de nuestros padres y educadores. Esa forma en que te enseñaron a hacer las cosas. La autoexigencia es una estrategia de supervivencia muy cruel: te hace infeliz, te provoca frustraciones y te sitúa en una posición en la que siempre esperas más de la vida. «Porque, como doy al máximo, me entrego, me esfuerzo todo, quiero que los demás hagan lo mismo, y los demás me decepcionan porque no hacen lo mismo que yo».

¿Conoces el versículo de la Biblia que dice: «Trata a los demás como quieras ser tratado» (Mateo 7:12; Lucas 6:31)? Sinceramente, creo que, más bien, debería ser: «Trata a los demás como ellos quieren ser tratados». Porque, en realidad, cuando nos ponemos al servicio de los demás es cuando somos más humildes, dejamos nuestro egoísmo a un lado y somos capaces de acompañar al otro de la forma que el otro necesita.

Imagínate la siguiente situación:

A mí no me gusta que me den consejos, porque considero que soy autónoma y sé las decisiones que tengo que tomar. Es posible que me equivoque, pero prefiero arriesgarme y fallar habiendo tomado mis propias decisiones.

En cambio, tengo una amiga que, cuando me cuenta un problema, espera que yo le dé un consejo; sin embargo, yo me callo, sin manifestar ninguna opinión. Le digo: «Haz lo que creas más conveniente; es tu vida, por tanto, tienes que decidirlo tú».

¿Cómo crees que se puede sentir ella? Puede que crea que no te importa. Es posible que piense que no le estás dando la suficiente importancia a su problema. ¿Lo ves ahora?

Es cierto, tú prefieres que no te den consejos; en cambio, ella prefiere que le digas lo que tiene que hacer. Si solo piensas en lo que tú quieres o lo que harías, estás mirando a tu ombligo, no estás teniendo en cuenta lo que la otra persona quiere o necesita.

Realmente no es que no conozcas o no te importe la otra persona, sino que estás siendo poco adaptativo.

6. Diferencia el amor del sacrificio

Cuando hablo de «amor incondicional», siempre me refiero al amor de las madres y los padres a sus hijos. Es el único amor que considero incondicional. A la pareja puedes dejar de quererla, bien por circunstancias de la vida, bien porque deje de respetarte y comience a maltratarte (tratarte mal). Con los hijos, el mensaje de amor incondicional debe quedar claro.

Aunque tengo que insistir en que el hecho de que tú quieras incondicionalmente a tus hijos no implica que consientas todo.

Porque te recuerdo que en crianza responsable, consciente y respetuosa existen normas y límites, y un límite es no consentir la agresión física, verbal o emocional. Jamás debes consentir faltas de respeto de tus hijos hacia ti (y viceversa).

El mensaje, si en algún momento tus hijos se ponen violentos o te tratan mal, o sientes que están sobrepasando un límite de este tipo, iría en la línea de lo siguiente: «Cariño, sabes que te quiero aunque nos enfademos, aunque pensemos distinto, aunque peleemos; lo que ocurre es que no voy a tolerar que me trates mal (que me grites, me pegues, me ignores, etc. —el comportamiento que haya tenido—). No puedes aprovecharte de mi amor incondicional hacia ti, porque eso no está bien. Eso es manipulación y chantaje, y no lo voy a consentir. En este momento me siento triste y dolida por el modo en que me has tratado y no puedo estar junto a ti. Quiero que sepas que, si en algún momento alguna persona te hace sentir mal, también tienes derecho a decirle que no vas a tolerar ese tipo de comportamiento y alejarte de esa persona. Espero que podamos hablar tranquilamente en un rato y solucionar este problema que ha surgido».

Y te marchas a otra habitación.

No tienes que decirlo gritando. No tienes que ser condescendiente. Con estas palabras estás marcando un límite y ofreciendo una gran enseñanza: «En el amor no todo vale». Y les estás enseñando que, si en algún momento de su vida se sienten maltratados, tienen derecho a irse.

Esto, en caso de *bullying* o violencia de género, es importantísimo. Muchas personas adolescentes se sienten descolocadas porque piensan que deben aceptar determinados comportamientos por parte de amistades o parejas para sentirse importantes o queridos.

Además de lo anterior, tienes que tener en cuenta que el amor no es igual a sacrificio. Cuando haces las cosas sacrificándote por otra persona, quizás sin darte cuenta estás acumulando rencor dentro de ti, porque en realidad no estás dando amor de forma incondicional, estás dando amor esperando que, en el momento presente o quizás en un futuro no lejano, ese amor que estás dando te sea devuelto.

Este es un error muy grande que te aleja de ti misma y te genera mucho sufrimiento; entonces, de pronto, dices frases como: «Eres un desagradecido: ¡con todo lo que he hecho por ti, y así me lo pagas!».

No caigas en la trampa. No te engañes. Si das amor a cambio de algo, no es incondicional, por mucho que lo intentes disfrazar. Y a la larga, la que acaba sufriendo vas a ser tú.

7. Cubre tus necesidades de forma autónoma

Como te expliqué en el apartado de necesidades, hay muchas: la de alimentación, descanso, seguridad, libertad, pertenencia, conexión, autorrealización, etc.

Cuando somos pequeños, necesitamos que alguien nos las cubra o nos ayude a cubrirlas, mientras nos enseñan a hacerlo por nosotros mismos. Al crecer tenemos que aprender que no necesitamos a nadie para sentir felicidad o bienestar.

Esta es una enseñanza muy difícil de asimilar, ya lo has ido viendo durante todo el libro; aun así, es crucial que lo entiendas.

Del mismo modo, no necesitas a nadie para sentirte desgraciada. El bienestar o el sufrimiento lo tienes dentro de ti. Tienes que saber cómo eres y saber lo que te ayuda a sentirte bien. Y aprender a sentirte bien cuidándote y proporcionándote tú misma esas necesidades.

No confundas deseos con necesidades. Claro que quieres que sea tu pareja quien escuche tu queja sobre tu madre (ese es tu deseo), pero tienes otra manera de cubrir esa necesidad de escucha; por ejemplo, llamando a tu hermana o una amiga, escribiendo o yendo a terapia.

Pero una cosa es que no necesites a nadie, y otra cosa es que quieras compartir tu vida con personas que te proporcionan bienestar. Al fin y al cabo, somos seres sociales, y estar con personas que suman nos ayuda a sentir bienestar.

Por tanto, una de tus tareas de vida es elegir a personas que te eligen a ti; que te acompañan en los buenos y en los malos momentos; que se alegran de tus éxitos; que te comprenden; que te hacen ser mejor persona.

No tengo que explicarte mucho más aquí, ¿verdad?

8. Expresa lo que sientes

Una forma de aprender a quererte y cuidarte más es diciendo lo que sientes, lo que quieres, lo que necesitas; es decir, comunicarte con los demás de forma consciente y respetuosa, desde la asertividad, esa que llevas leyendo desde casi el principio del libro. Si tienes que decir «No», dilo.

No te justifiques, no te sientas en la obligación de hacer algo que no quieres hacer (sabiendo que hay cosas que sí tienes que hacer: cumplir las normas, leyes, contratos de trabajo, etc.).

A veces es difícil decir lo que sientes, porque no te has dado permiso para pararte y sentir lo que sientes. No conocemos siquiera las emociones.

Cuando te preguntan: «¿Cómo estás?», respondes casi siempre: «Bien», «Mal», «Tirando». Hay muchísimas emociones más: emocionada, disgustada, cansada, expectante, tranquila, serena, irritada, harta, frustrada, ilusionada, nerviosa, etc.

Puedes buscar en internet listas con emociones y aprender a distinguirlas. No es lo mismo estar irritada, que enfadada, que rabiosa, que iracunda; pero al final solemos quedarnos con las expresiones más simples, por miedo a que no nos escuchen o que no nos entiendan.

Da lo mismo. No lo hagas por los demás. Hazlo por ti. Para entenderte y para tratarte con compasión.

Aprender vocabulario emocional te va a ayudar a ponerle

nombre a eso que sientes por dentro y analizar si estás pasándote de la raya con tu comportamiento.

Si reaccionas con extrema agresividad a lo que te dicen, las personas quizás te tendrán miedo o no se atreverán a hablarte. Si, por el contrario, eres demasiado pasiva y sigues actuando así, la gente se aprovechará de ti.

No es una tarea fácil, lo sé. Parece que, si pides lo que quieres o lo que necesitas, puedes resultar mandona, calculadora, fría, aprovechada; pero ese no es tu problema. Tener las cosas claras no es un problema. Que no te hagan creer eso.

¿Sabes por qué no pedimos lo que queremos o necesitamos? Porque, cuando éramos pequeños y pedíamos lo que queríamos, nos decían cosas como:

- «Eres un egoísta».
- «Cállate».
- «¿Te ha hecho la boca un fraile?».
- «No tenemos dinero, así que esto es lo que hay».
- «¿Crees que soy el Banco de España?».
- «Solo piensas en ti mismo».
- «No insistas más, que eres muy pesada».
- «Que te he dicho que no».

Y llega un momento en el que nos sentimos inadecuados por pedir lo que queremos:

- «Quiero un abrazo».
- «Quiero ser astronauta».
- «Quiero comer un helado».
- «Quiero que me ayudes».
- «Quiero que estés a mi lado».
- «Quiero que comamos juntos».
- «Quiero salir a pasear».
- «Quiero comprar una moto».

- «Quiero estudiar esta carrera».
- «Quiero estar solo».
- «Quiero llorar».
- «Quiero…».

Y a veces, esos deseos son más que deseos, son necesidades que se quedan enterradas en el subconsciente.

Años después, escuchas a adultos que dicen: «Mis padres nunca me compraron un perro, y siempre quise tener uno»; «Mis padres nunca me dejaron estudiar *ballet*, y siento frustración»; «Mis padres quisieron que estudiara la carrera de Arquitectura, pero yo quería ser biólogo y…».

Enseña a tus hijos a pedir lo que quieran. No les tienes que decir que sí a todo. Enséñales a negociar.

Pídeles que insistan en lo que tengan que insistir, que busquen argumentos para lograr lo que quieran, que prueben, que no acepten el primer no.

Déjales que insistan. Hasta que creas que llega un momento en el que ya no tienen que insistir más.

En su vida se llevarán muchos noes, y es también en casa donde deben aprender a aceptarlos, a luchar por cambiarlos por síes, o incluso saber cuándo rendirse.

9. Pide ayuda

Otra de las estrategias que puedes poner en marcha para cuidarte, sin que te cueste dinero, es pedir ayuda. Este punto es la continuación del punto anterior.

Cuando te atreves a expresar lo que sientes, también aprendes a pedir ayuda. Porque no tienes que hacerlo todo tú. No tienes que controlarlo todo tú.

Permítete pedir ayuda. Cuando pides ayuda, además de liberarte de la pesada carga de la exigencia, estás enseñando a tus hijos e hijas que también pueden pedir ayuda cuando lo necesiten, cuando estén sobrepasados, cuando sientan que no saben o no pueden. Hazles saber que está permitido y bien visto en la familia pedir ayuda. Porque no tienes que saber hacerlo todo ni tienes que hacerlo todo.

Espero que este capítulo te haya servido para empoderarte, para darte ese pequeño empujón que te hacía falta para reconectar con tu esencia, para creer en ti y en tu valía como persona, mujer, hombre, profesional, trabajador/a, madre, padre, cuidador/a, y, sobre todo, para aceptarte tal y como eres.

Aceptarte por completo es tu poder.

Enseña a tus hijos a conocerse, a quererse, a respetarse, pero, sobre todo, a aceptarse, que en el fondo es el fin último de este viaje por el que te estoy conduciendo.

«La persona que se conoce a sí misma es poderosa,
y la que se acepta es invencible».

CAPÍTULO 6
El conflicto es tu aliado

No podía escribir un libro de crianza responsable, consciente y respetuosa sin hablarte de los conflictos y cómo aprender a gestionarlos, porque uno de los errores más frecuentes que cometemos es tratar de eliminar el conflicto en la familia, ya sea entre hermanos o entre adultos e hijos.

Un conflicto bien manejado es una herramienta maravillosa para crecer como persona y como familia. Sin embargo, cuando surge una pelea entre hermanos, lo primero que hacemos es cortarla: intervenir, hacerlos callar, posicionarnos de uno u otro lado, buscar culpables, tratar a ambas partes por igual, enfadarnos porque se pelean, castigarlos, ningunear a uno en favor de otro, etc.

En este capítulo te voy a ayudar a convertir el conflicto en tu aliado, y así cambiarás tu visión sobre las discusiones en casa.

> *«La mejor forma de repartir una galleta es que uno de tus hijos divida la galleta y que el otro escoja el trozo que quiere comerse».*

Yo defino «conflicto» como una diferencia de intereses y/o puntos de vista que genera tensión, un enfrentamiento o, en general, dificultades en las relaciones con la persona con la que tenemos dicho conflicto.

Tiene mala fama, a nadie le gusta el conflicto, ya que genera tensión, cuesta esfuerzo argumentar nuestro punto de vista, quizás tenemos miedo a no ganar, quizás pensamos que se nos cuestiona a nosotros como personas, no nos gusta perder poder, etc. Sin embargo, bien empleado, el conflicto constituye, como ya he mencionado, una herramienta muy valiosa para desarrollarnos individualmente y en grupo, como familia, siempre que sigamos unas reglas fundamentales que te explicaré en breve.

Antes de centrarme en cómo gestionar un conflicto, quiero preguntarte si le das a cada uno de tus hijos lo que cada uno necesita o les das lo mismo a todos.

En tu afán de ser ecuánime, de no provocar los celos en ninguno de tus hijos, sueles darles a todos lo mismo, ¿me equivoco?

Y crees que lo haces bien, pero no todas las personas se sienten apreciadas de la misma forma, porque entienden el amor, la conexión o la pertenencia de formas diferentes.

Cuando dices que tus hijos no te entienden, probablemente estés en lo cierto, y es que «no hablas el mismo idioma que tus hijos o hijas».

Adelaida, ahora ya sí que me acabas de rematar.

Oh, sí, sigue leyendo y te lo cuento.

LOS LENGUAJES DEL AMOR

Existen cinco lenguajes de apreciación diferentes: palabras de afirmación, tiempo de calidad, los regalos, los actos de servicio y el contacto físico. Esto nos lo dijo hace tiempo Gary Chapman en su libro *Los cinco lenguajes del amor* (1992).

Te los resumo a continuación para que, a medida que vayas leyendo, puedas pensar en qué tipo de lenguaje te sitúas tú y dónde se colocan tus hijos o tu pareja. ¿Os habláis y apreciáis en el mismo lenguaje?

1. El primero de los lenguajes del amor son las palabras de afirmación. Estas personas comunican su amor y apreciación a través de palabras amables y de ánimo; por tanto, incluyen elogios y cumplidos en sus discursos. Además de las palabras, las personas que tienen como dominante este lenguaje se sienten apreciadas y aprecian cuando otras personas hablan de ellas de una forma positiva y alentadora, cuando les escriben notitas especiales, mensajes positivos, citas inspiradoras, etc.

2. En el lenguaje del amor que consiste en tiempo de calidad, las personas manifiestan su amor al prestar a la otra persona toda su atención y presencia; se implican mucho en las conversaciones; crean momentos especiales, entornos de seguridad y confianza; dejan todas las distracciones fuera (apagan móviles, tele, tabletas...). Estas personas se sienten apreciadas de la misma manera, es decir, cuando sienten que son una prioridad para los demás. Esto genera una conexión muy profunda al pasar esos momentos especiales juntos.

3. En el lenguaje del amor de los regalos, las personas valoran el esfuerzo y la creatividad que se pone en los regalos que se hacen. Interpretan que los regalos son símbolos que representan ese amor o aprecio. No es el valor económico o el tamaño del regalo lo que agradecen, sino el significado que hay detrás de ese regalo. Se sienten apreciados cuando las personas invierten tiempo en encontrar el presente más adecuado para ellos y, por tanto, también expresan su amor encontrando esos detalles perfectos para los demás.

4. En cuanto al lenguaje de los actos de servicio, quiere decir que las personas se sienten queridas y valoradas cuando los demás hacen cosas por ellos. No tienen que ser grandes cosas, sino pequeños favores: el cafecito caliente llevado a la cama, ser capaz de tener la cena preparada cuando la pareja vuelve del trabajo, ayudar con tareas que les resultan agotadoras a otros. ¿Te suena el refrán «Obras son amores y no buenas razones»? Se ajusta muy bien a este tipo de lenguaje donde la persona siente que las acciones representan el amor.

5. En el lenguaje del amor por contacto físico, las personas aprecian ser tocadas, abrazadas, acariciadas, tomadas de la mano. Un beso sin venir a cuento, una mirada cómplice o una sonrisa. El afecto físico es su forma de relacionarse con las personas que quieren.

Ahora que conoces los cinco lenguajes del amor, tienes que conocer el tuyo. Aunque probablemente no sea solo uno; se dice que lo usual es tener uno predominante y otros secundarios.

Conocerte y conocer los lenguajes de apreciación de tus hijos y las personas que te rodean te ayuda a conectar y relacionarte con los demás de forma mucho más efectiva. ¿Cómo?

Unos párrafos más arriba te decía que era un error muy frecuente en la maternidad dar a nuestros hijos lo mismo, ¿verdad?

Imagina que tu lenguaje del amor prioritario son los actos de servicio (este es el mío, y suele ser el de muchas mamás); por tanto, cuando yo quiero hacer saber a mis hijas que las quiero, les hago una merienda rica, recorro todas las tiendas del centro comercial hasta que encuentro las camisetas que considero que más les van a gustar, les hago la cena que más les gusta, les traigo y llevo de todas las extraescolares, etc.

Ahora bien, el lenguaje del amor predominante de mi pequeña Mini es el contacto físico: cuando nos acostamos, me toca, me pide que le haga caricias; cuando se despierta, me abraza fuerte, o por la calle me pide ir de la mano.

El lenguaje del amor predominante de Maxi son los regalos. Se levanta por la mañana temprano y ha preparado unos dibujos para regalar a su hermana o a mí; piensa qué es lo que puede gustarle más a su padre de comer cuando vamos al supermercado; se toma el tiempo de preparar cajitas decoradas para entregar una carta o una pulsera que ha hecho, etc.

Cuando quiero conectar y apreciar a cada una de mis hijas, ya sé que, cuando recojo a Maxi de la escuela, si no me da un beso o un abrazo, no es que no me haya echado de menos; sin embargo, sé que, cuando me enseña un corazón que ha fabricado con cartulina, esa es su forma de demostrarme que me quiere o me ha echado de menos.

Por el contrario, Mini se siente decepcionada si, cuando la recojo, no hay un gran revuelo de besos, abrazos y achuchones.

Si yo sé cómo la otra persona quiere ser apreciada, es mucho más fácil mostrarle aprecio y/o agradecimiento.

FUENTES DE CONFLICTO

Existen numerosas fuentes de conflicto. A continuación, te dejo algunas, aunque estoy convencida de que serás capaz de encontrar muchas más.

De las principales fuentes de conflicto, yo diría que una es tu ego, es decir, pensar que sabes más que los demás y que tienes razón. Tu ego busca una realidad que te beneficie, busca echar la culpa al otro. Es reactivo, no asume las consecuencias, pero, sobre todo, te hace creer que eres mejor que los demás y, hablando de crianza, mejor que tus hijos. De aquí caen todas las siguientes fuentes de conflicto, si te das cuenta:

- Juzgar a los demás. En la crianza, como padres, juzgamos constantemente lo que hacen nuestros hijos e hijas, por lo que nos posicionamos en un lugar superior.

- Tener una actitud cerrada al diálogo, tajante, de superioridad, de monólogo, sin escucha, etc.

- Las palabras y el tono que empleas cuando te diriges a los demás:

  - Usar el «Pero»: «Lo siento, pero no es mi culpa»; «Era importante para ti, pero yo también tenía cosas que hacer»; «Te quiero, pero, cuando me gritas, no te soporto»; «Eres el mejor, pero no te lo creas tanto».

  - Utilizar los «Tú debes»: «Debes comportarte mejor»; «Debes ir mejor vestida»; «Debes ser más comedida».

  - Abusar del «Yo mando»: «Es mi casa, y yo mando»; «No sabes, yo mando»; «Con mi móvil se hace lo que yo mando».

  - Generalizar: «Siempre lloras cuando te digo algo»; «Nunca recoges la habitación»; «Todos los días te levantas tarde».

  - Comparar: «Mira qué bien baila tu hermana»; «Come todo lo del plato, como tu primo»; «Yo lo hago mejor que tu madre».

  - Etiquetar: «Eres un vago»; «Qué irresponsable eres»; «¿Por qué eres tan mentiroso?».

Pero también existen razones que no tienen nada que ver con tu ego, como, por ejemplo, tu estado de ánimo.

A veces, no tienes el humor adecuado como para afrontar una conversación o una discusión, y simplemente, por no encontrarte bien, estás en modo negativo, acusando, negando responsabilidades, etc.

También es una fuente de conflicto tener diferente información o diferentes necesidades. En ocasiones, tú sabes algo que no puedes contarles a tus hijos, y entonces surge un conflicto, ya que no les dejas hacer algo determinado.

O un miembro de la familia necesita tranquilidad o silencio para hacer algo, y otro miembro de la familia hace ruido o tiene la música a todo volumen.

Y otra de las razones por las que surge el conflicto es tener diferentes valores. Esta es una gran fuente de conflictos (en especial, en la adolescencia), por eso he querido detenerme mucho más en este apartado para explicártelo con detalle.

LOS VALORES Y LOS CONFLICTOS

Comprender qué son los valores y qué implicaciones tienen te va a ayudar a entender a tus hijos, sobre todo en la etapa de la adolescencia, donde mayores conflictos reales se dan; así que lee con atención, porque este apartado va a hacerte ver las cosas de forma distinta y aprenderás mucho de cómo gestionar los conflictos de tu día a día.

Los valores son todo aquello que es importante para ti, lo que te impulsa a moverte cuando tienes que tomar una decisión. Por eso, yo siempre digo que, cuando tienes tus valores claros, las decisiones que tomas a lo largo del día se vuelven más fáciles.

Ejercicio de las dos listas

Antes de contarte cosas sobre los valores, me gustaría que hicieras un ejercicio práctico. Es muy fácil. Solo tienes que ir a por una hoja de papel y dividirla en dos secciones o columnas. Si eres digital, lo puedes hacer con una hoja de Excel.

En la primera columna quiero que escribas cosas que son importantes para ti, por ejemplo: tu salud física, tu salud mental, tu familia, las amistades, la naturaleza, correr, Netflix, tu trabajo, tu coche, tus hijos, etc.

En la segunda columna me gustaría que reflejaras un día o una semana estándar en tu vida. Es decir, qué haces a lo largo del día o a lo largo de la semana. Por ejemplo: «Trabajo diez horas al día; quedo con los amigos una vez al mes; voy al gimnasio cada dos semanas; me ducho todos los días; veo Netflix dos horas al día (diez horas a la semana); el móvil y las redes sociales, una hora al día (siete horas a la semana); leo con mis hijos por las tardes un rato antes de que se acuesten».

Viendo estas dos columnas, quiero que analices lo siguiente: ¿cuánto tiempo (a diario o a la semana) pasas realmente haciendo las cosas que son importantes para ti?

- Dices que para ti la familia es importante, pero, viendo este cuadro, descubres que pasas más horas viendo Netflix o el móvil que charlando con tu familia.
- Dices que es importante tu salud, pero hace dos semanas que no vas al gimnasio, o hace días que no te alimentas adecuadamente, o no duermes lo suficiente.
- Dices que es importante la relación con tus amistades y cada semana quedas con ellos.

Aquí no hay respuestas buenas o malas. Este libro no es para juzgar, sino para despertar consciencia. Quiero que pienses si realmente estás dedicando tiempo a las cosas que dices que son importantes para ti.

A veces, se trata de desconocimiento: «Adelaida, no me había dado cuenta de que paso más horas mirando el móvil que leyendo con mis hijos, y siempre he creído que no lo hacía. No me había dado cuenta de esto».

Alineamiento de valores

Una vez hayas hecho el ejercicio, aquí te paso a contar la importancia de los valores.

En la vida, en tu día a día, es importante saber qué es lo verdaderamente importante. Esto ya nos lo dijo Steven Covey en su libro *Los 7 hábitos de las personas altamente efectivas*. Porque, si no sabes qué es lo que es importante, estarás ocupando tu tiempo en cosas que no son fundamentales en tu vida, como ya has comprobado si has hecho el ejercicio que te he pedido antes.

Los valores, por tanto, son aquellas cosas que guían o deberían guiar tus acciones a lo largo del día. Porque, sinceramente, puedes pensar que es importante una cosa, pero, al final del día, lo que ha marcado tus decisiones son las cosas que has hecho, no las que has pensado en hacer o las que has dicho que ibas a hacer. No te engañes.

Además, los valores tienen un hándicap añadido, y es que, por lo general, suelen ser cosas etéreas, abstractas, porque, cuando dices que para ti la salud es importante, la familia es importante, la puntualidad es importante, la amistad es importante, ¿a qué te refieres exactamente?

Voy a exponer unos ejemplos para poder ir guiándote en la explicación. Ten en cuenta que tienes que tener presentes dos cuestiones:

1. ¿Qué es exactamente el valor para ti? Descríbelo de forma concreta —no abstracta—. Aterrízalo, recuerda que no es lo que dices o lo que piensas, sino lo que haces, lo que los demás puedan observar en ti. ¿De qué forma haces ver a los demás que ese comportamiento refleja o está honrando ese valor? ¿Qué actos reales y observables haces tú para honrar ese valor en concreto?

2. ¿Cuántas de tus decisiones de la vida diaria están directamente impactadas por ese valor?

Te lo explico con un ejemplo:

Imagina que para ti es importante la puntualidad. Contesta a esta pregunta: ¿qué es la puntualidad para ti?

Para la Real Academia Española, las dos primeras acepciones de *puntualidad* son las siguientes:

1. f. Cuidado y diligencia en llegar a un lugar o partir de él a la hora convenida.
2. f. Cuidado y diligencia en hacer las cosas a su debido tiempo.

Pero para ti la puntualidad es hacer las cosas a la hora convenida o a su debido tiempo. Es decir, si quedas a comer con tu pareja, hijos, compañeros a las 14:00, tú esperas que las personas estén en el restaurante a las 14:00, porque tú estarás allí, como tarde, a las 14:00.

Mi pareja, tus hijos, las amistades también saben que la puntualidad es hacer las cosas a la hora convenida y, además, entienden que una cortesía de cinco o seis minutos está permitida. Tú no contemplas esos minutos de «cortesía», ni dos minutos después ni cinco minutos. Quieres que estén «en punto» y te molesta que los demás «siempre» lleguen esos cinco minutos tarde (y quien dice cinco minutos, quizás, habla de diez o quince minutos tarde).

Si para ti es importante la puntualidad, tus actos van a ir en la dirección de honrarlos, es decir, tus decisiones están impactadas por la puntualidad.

¿Cuántas de tus decisiones de la vida diaria están directamente impactadas por tu puntualidad?

1. «¿Me da tiempo a revisar este informe antes de llegar a las dos de la tarde para comer con mi pareja?».
   - «No, no me da tiempo. Entonces, no lo reviso».
   - «Sí, sí me da tiempo. Entonces, sí lo reviso».
2. «¿Puedo hacer una llamada para que me dé tiempo a llegar puntual al restaurante?».
   - «Sí, me da tiempo. Entonces, llamo».
   - «No, no me da tiempo. Entonces, llamaré después de comer».

¿De qué forma haces ver a los demás que para ti la puntualidad en el día a día es importante?

- Si la reunión está programada a las 10:00, tú a las 10:00 ya estás conectada a la sesión.
- Si tienes una cita con el médico a las 15:00, a las 15:00 ya estás en el médico.
- Si has quedado para correr a las 20:30, a las 20:30 ya estás en el lugar acordado para correr.

Una forma de solventar este conflicto es poner encima de la mesa lo que sucede.

Los mayores malentendidos en las relaciones se dan porque asumimos que los demás tienen los mismos valores que nosotros, porque creen que lo que es importante para nosotros lo es también para ellos y, en la misma medida, porque crees que ellos actuarían de la misma forma que lo harías tú.

Habla de ello con tu pareja, con tus amistades, con tus compañeros de trabajo y, por supuesto, con tus hijos e hijas.

Llegad a un acuerdo para ver cómo podéis manejar el conflicto que representa, porque, de esta forma, sabrás que, cuando tu pareja, por ejemplo, llega diez minutos tarde a la comida, no es porque no seas importante, porque no quiera comer contigo o porque desee molestarte, sino porque para ella la puntualidad no es tan importante como lo es para ti.

Otro de los hándicaps que tienen los valores es que no son estables en el tiempo.

Es posible que la familia sea importante para ti, y eso, en tu caso concreto, implica directamente a tus hijos. Sin embargo, cuando estás trabajando y estás inmersa en él, estás contenta y, de pronto, tienes que decidir entre hacer una presentación que te llevará una hora o dos horas en la oficina y te quedarás, pero, al mismo tiempo, te sentirás rara porque no has podido pintar media hora una flor en el cuaderno con tus hijos. Sientes una mezcla de sentimientos: quieres quedarte y, al mismo tiempo, irte. Revisa tus valores, porque quizás hayan cambiado de prioridad.

Hasta ahora, que tus niños eran pequeños, preferías estar con ellos, dibujar con ellos o leerles un cuento, pero, de pronto, te has dado cuenta de que tus hijos te necesitan menos, o que ahora quieres prosperar en el trabajo y, por tanto, las decisiones que estás tomando en este momento determinado están más orientadas al valor del éxito o reconocimiento profesional. Y está bien. Tienes derecho a cambiar, a evolucionar y a saber qué te guía y motiva en la vida.

Si este ejercicio de los valores no lo has hecho con tu pareja, te invito a que lo hagas y veáis cómo podéis alinear la diferencia de estos.

Lo más importante aquí es poder abrir diálogo para que sepáis qué esperar de la otra persona y entender su postura.

Y sin duda alguna, te insto a que este ejercicio lo hagas con tus hijos adolescentes. ¿Qué es importante para ellos y a qué dedican su día? ¿Con qué comportamientos honran esas cosas que son importantes para ellos?

Para tus hijos, es una práctica de autodescubrimiento muy potente y, para la familia en general, favorecerá la empatía y el respeto de forma exponencial.

Ya no eres tú contra las «hormonas» de la adolescencia (la excusa más pobre que puede existir frente a los conflictos en esta etapa). Vais a dejar de ser las víctimas —«Mi madre no me entiende», o «Mi hija no me entiende»— para ser las protagonistas en vuestra relación materno/paternofilial.

En la etapa de la adolescencia hay mucho cuestionamiento de valores. Muchísimo. Porque tú tienes tus valores, y hasta este momento tus hijos no se los han cuestionado.

Hasta el momento han pensado en ti como la persona más importante del mundo, hasta ahora eras su faro: cuando tenían un problema, acudían a ti; cuando se sentían tristes o felices, te lo contaban. Eras la persona que les estaba enseñando cómo funciona el mundo, porque su mundo hasta ahora era relativamente pequeño.

Ya cuando los niños abandonan el hogar en primera infancia para ir a la escuela, empiezan a despegarse algo de ti, pero, sin duda, el hogar sigue siendo una referencia clave para el niño y la niña. Ellos ven cosas diferentes en el colegio, con los compañeros, en las extraescolares, cosas que les dicen los profesores, etc., y luego van a casa a buscar la seguridad de lo que se dice bajo su techo y toman los valores de sus hogares como los estándares de pensamiento y comportamiento.

Confrontan las reglas o las normas en base a lo que se dice en casa, lo que dice papá o lo que dice mamá contra el mundo.

Valores y adolescencia

En preadolescencia y adolescencia las cosas cambian, porque ellos empiezan a cuestionarse cosas, se preguntan por qué ellos no pueden hacer las cosas que hacen sus amistades, o por qué en casa tienen una serie de normas que han comprobado que sus amistades no tienen. Se comparan mucho más entre sus iguales.

Comienzan a formar su identidad alejada o separada de la unidad familiar, y surgen pensamientos como:

- «Mamá o papá ya no son tan importantes».
- «Mamá o papá no saben cómo me siento».
- «No me entienden».
- «Nadie me entiende».
- «Yo no me entiendo».
- «Esto que dicen en casa no es así».
- «No quiero que sea así».
- «Para mí no es tan importante comer en casa los fines de semana».
- «Ya no quiero visitar a los abuelos cada domingo».

- «Quiero salir con mis amigos en vez de ir con mis padres a comer fuera».
- «Esta persona es el amor de mi vida, y mis padres se burlan de mí».
- «Quiero chatear con "X" en vez de estar en el salón».
- «Qué pereza cenar todos juntos».
- Etc,

Hasta ahora, todo iba más o menos rodado. Aunque tus hijos o hijas no estuvieran de acuerdo con las normas de la casa o con lo que les decías, más o menos la armonía familiar se mantenía estable.

Y ahora todo es cuestionamiento. Ahora todo es conflicto. Y cuando digo todo, no estoy exagerando: es todo.

En esta etapa es muy necesario ajustar normas en la casa y hablar de los valores como forma de solucionar de forma efectiva los conflictos. Saber qué es importante para cada miembro de la familia y cómo se puede hacer para que todos los valores sean tenidos en cuenta en las dinámicas familiares es el paso previo a la resolución de problemas. Por lo tanto, haz el ejercicio de los valores con ellos.

- ¿Qué es importante para ellos y a qué dedican su día? Analizadlo juntos.
- ¿Es coherente lo que piensan con lo que hacen? Verlo escrito les hará pensar sobre sus acciones.
- ¿Con qué comportamientos honran esas cosas que son importantes para ellos? Que piensen sobre ello les hará ser más conscientes de sus actos.

Y en segundo lugar, pon en práctica las asambleas o retrospectivas familiares que te explicaré en breve.

ASAMBLEAS FAMILIARES

¿Cómo podemos solucionar los conflictos en casa de forma efectiva? Mediante las asambleas familiares.

Una de las cosas que nos diferencia de los animales es nuestra capacidad de comunicarnos a través de las palabras.

Lamentablemente, muchas familias han olvidado esta maravillosa aptitud, sobre todo ahora que tenemos tantas distracciones electrónicas a nuestro alcance.

Necesitamos volver a aprender a comunicarnos verbalmente los unos con los otros. Necesitamos desconectarnos de la tecnología y empezar a conectarnos con la mirada y con las palabras, con la presencia de la que te hablaba en otro capítulo. Y una de las herramientas que tenemos a nuestra disposición son las asambleas familiares.

¿Qué, cómo, para qué?

En estas reuniones sentamos las bases de nuestra relación como familia, y además nos permite reflexionar si existen cosas por las que no nos sentimos bien; cosas que podríamos cambiar o incluso eliminar; cosas que se deberían fomentar más, etc. Por eso, es importante que estas sesiones se den desde muy temprana edad y se repitan en el tiempo.

Si en tu día a día no mantienes un diálogo frecuente con tus hijos e hijas, es momento de que empieces a hacerlo, y para ello aquí tienes que tener en cuenta siete premisas básicas sobre estas sesiones:

1. La sesión familiar es segura, es decir, «lo que sucede en la asamblea familiar se queda en la asamblea familiar». No vamos sacando los trapos sucios a la primera de cambio que surja un conflicto en el día a día.

Por ejemplo, si tu hija en la reunión te dice: «Estoy arrepentida por haber roto mi taza favorita en un ataque de ira que tuve esta semana», cuando después se sienta enfadada y a punto de explotar, no puedes utilizar lo que contó en la reunión como arma arrojadiza, es decir: «A ver, ten cuidado, que cada vez que te enfadas te dedicas a romper cosas y luego bien que te arrepientes». Esto es un no absoluto, porque, si no, la próxima vez se callará porque sentirá que no puede confiar en ti.

2. Existe una norma fundamental para todas las reuniones que se resume en la siguiente frase (basada en la Primera Directiva de las Retrospectivas Agile, de Norm Kerth): «Independientemente de lo que hablemos en la asamblea familiar, entendemos y creemos sinceramente que todo el mundo hizo lo mejor que pudo, dado lo que se sabía en ese momento, sus capacidades y habilidades, los recursos disponibles y la situación en ese momento».

   ¿Esto qué quiere decir? Que es posible que durante la semana nos hayamos equivocado, no lo hayamos hecho lo suficientemente bien, que nos hayamos peleado, que no hayamos hecho las tareas; pero se presupone que no ha sido de mala fe o intentando hacer daño a los demás, actuando de forma egoísta o dejando que el rencor nos consuma. Si lo que se había acordado no se cumplió en la sesión, vamos a ver cómo podemos arreglarlo para el futuro, sin buscar culpables, sino asumiendo cada uno la responsabilidad de sus actos, sin ánimo de tomar represalias. Siempre buscaremos la forma de aprender de nuestros errores para poder mejorar para la siguiente semana.

   En general, revisaremos varias cosas: las normas básicas de la casa, por si hubiera que modificarlas; si se cumplieron o no los acuerdos para la semana; las causas por las que no se cumplió lo acordado; nuevas alternativas o nuevos acuerdos; objetivos para la semana que entra, etc.

3. Las sesiones están agendadas de antemano. Todos y cada uno de los miembros de la familia conocen cuándo se van a producir (normalmente, una vez a la semana, previo acuerdo familiar).

4. Las sesiones pueden ser informales o formales. Yo recomiendo que, al menos una vez a la semana, sean formales. Es decir, que se agenden, que todos los miembros de la familia sepan y estén de acuerdo en la fecha en la que se va a celebrar; que tengan una duración determinada, y, a ser posible, que todos sepan de lo que vamos a tratar. Esto implica que haya una agenda con unos determinados puntos del día que se vayan a tratar.

Las de tipo informal pueden ser durante la semana; por ejemplo, mientras comemos o cenamos podemos revisar cosas que creamos que no estén funcionando bien y que podamos resolver sin llegar a la reunión formal.

Te pongo un ejemplo más específico. Imagina que habéis acordado que todos los móviles de la casa por la noche van a ir a un *parking* para evitar el *vamping* —mezcla de *vampire* («vampiro», animal activo por la noche) y *texting* («envío de mensajes»), que alude al uso excesivo de aparatos electrónicos justo antes de dormir—. De pronto, un día te has dado cuenta de que tu hijo se despista y no deja el móvil en el *moviparking* por las noches.

No es necesario esperar a la reunión familiar acordada (que quizás es dentro de dos semanas), sino que en una cena familiar puedes comentarlo: «Me he dado cuenta de que tu móvil lleva dos días sin dormir en el *moviparking*». Y esperas que conteste.

Habla desde la calma y no le grites, diciendo: «¡Llevas dos días sin dejar el móvil en el *moviparking*!». Habla en tono neutro, de forma objetiva; habla de los hechos, no desde la acusación: «Túuuuu no has dejado el móvil».

Si esto fuera una serie, ahora mismo tendrías el dedo acusador apuntando a tu hijo y las palabras resonando en tono grave por toda la pantalla.

Es verdad que la información es la misma, pero, si hablas mencionando el hecho de una forma objetiva, tu adolescente no va a sentirse atacado, porque en realidad tu intención no es atacar. ¿O sí? Reflexiona sobre esto.

5. Todos los miembros de la familia tienen la obligación de acudir a la reunión y tienen derecho a hablar (respetamos los ritmos y respetamos si alguien no desea participar); evitamos interrupciones con la utilización de un «tótem», es decir, un objeto (un cojín, un muñeco, un elemento distintivo cuyo poseedor en ese momento podrá hablar sin tapujos y sin interrupciones, hasta que sienta que ha dicho todo lo que tenía que decir).

6. La agenda de la reunión familiar está en un punto conocido y visible por todos. Cada persona puede escribir lo que necesite tratar en la agenda. Si hay algún niño pequeño, el adulto puede preguntarle: «¿Quieres que escriba esto para tratarlo en la próxima sesión?». Y lo ayuda a apuntarlo. De igual modo, cuando exista un desacuerdo en la familia, se puede preguntar: «¿Queréis que lo apuntemos en la agenda de la reunión familiar, o lo resolvemos ahora?».

7. La reunión familiar comienza con «florecillas» (es decir, cosas positivas que hemos visto que se han dado desde la última sesión familiar) y finaliza con una actividad lúdica a realizar por todos los miembros de la familia.

Ejemplo de funcionamiento

Ana y Javier son los padres de Laura y Pablo. Han decidido tener reuniones familiares los domingos después de comer, aproximadamente a las 17:30 de la tarde.

En la agenda de esta semana se van a tratar dos puntos fundamentales:

- Luces de la casa encendidas constantemente.
- Ropa sucia que debe ir en el cesto y nunca está en el cesto.

El domingo a las 17:30 horas comienza la sesión en la mesa del comedor.

Cada semana hay una persona que se encarga de «facilitar» la asamblea; esta semana le toca a Laura, la hija de Ana y Javier.

Laura comienza dando la bienvenida a los miembros de la familia y presentando el tótem con el que van a hablar esta semana, que es un peluche de una mariquita, que es su favorito.

Procede a regalar «flores», es decir, agradecer a su madre, a su padre y a su hermano: «Mamá, gracias por haberme llevado de compras esta semana, pasamos un rato muy divertido. Papá, te agradezco que me fueras a buscar el otro día al partido porque no me apetecía volver en el autobús. Pablo, gracias por haber recogido esta semana la mesa, me ha servido para poder estudiar para el examen del viernes».

Cuando termina, le pasa el tótem al siguiente miembro de la familia, que procede con sus agradecimientos.

Cuando todos han terminado la ronda de agradecimiento, se revisan las acciones acordadas en la reunión pasada.

Una de las acciones era acostarse a las 22:00. A esa hora, las luces de las habitaciones tenían que estar apagadas. Al parecer, solo se ha cumplido durante dos días.

Se plantean las siguientes preguntas: ¿se han llevado a cabo?, ¿Sí? ¿No? ¿Por qué? ¿Por qué no? ¿Qué ha sucedido? ¿Cómo podemos hacerlo mejor para la siguiente sesión?

Al responder las preguntas, Laura dice que ha sido ella la que ha incumplido, por lo que responde a los demás: «Yo no lo he cumplido, lo cierto es que no me he organizado bien esta semana, tenía un examen el viernes y necesitaba repasar más tiempo».

Se preguntan qué pueden hacer para la próxima semana:

- Apagar las luces a las 22:30.
- Levantarse a las 7:00.
- La semana que tenga examen, dejar de usar el móvil a partir de las 19:00.

Finalmente, acuerdan entre todos que apagarán las luces a las 22:00, y Laura se levantará a las 7:00 de la mañana a estudiar.

Una vez revisado el plan de acción de la semana anterior, Laura lee el primer punto de la sesión del día actual: «Mamá ha escrito como punto del día a tratar en esta sesión que las luces están constantemente encendidas. ¿Cómo podemos hacer para solucionar este tema? Ya que has sido tú la que has escrito esto, ¿quieres contarnos más?».

Ana agarra el tótem y explica que se siente mal porque las luces de la casa están constantemente encendidas y se enfada porque tiene que ir apagándolas, además del coste económico que supone y el despilfarro de energía.

Pregunta cómo pueden solucionar este asunto. Si alguien quiere intervenir, solo tiene que pedir el tótem y responder.

En este caso, nadie tiene nada que añadir, y Laura les indica que van a hacer una lluvia de ideas: cada uno apuntará en un papel cosas que los ayudarán a apagar las luces de la casa para que no estén todo el tiempo encendidas.

Nota: Como buena lluvia de ideas, lo que hay que tener en cuenta es:

- Lo importante es la cantidad de ideas.
- Todas son válidas.
- No juzgamos la calidad de las mismas.
- No utilizamos frases matadoras, como «Menuda tontería»; «Eso no vale»; «Eso no se puede hacer».

Las ideas que han recogido son las siguientes:

- Poner una alarma cada diez minutos y mirar si las luces están encendidas.
- El último que sale de la habitación apaga la luz.
- El que se deje la luz encendida hace una tarea o pone dinero en una jarra.
- Si alguien ve una luz encendida y no hay nadie en el cuarto, apaga la luz.

Finalmente, se hace una votación y se acuerda lo siguiente:

- Durante la semana, el que salga de una habitación apaga la luz
- Si alguien ve una luz encendida, la apaga sin decir más.
- Si una misma persona deja la luz encendida hasta en tres ocasiones, aportará un euro a un bote. A final de mes, comprarán algo o harán algo, dependiendo del dinero recolectado.

Se acepta por todos y se pasa al segundo punto de la sesión del día, y así consecutivamente. Si alguien tiene que añadir algo que no estuviera en la agenda, es el momento de hacerlo.

Para finalizar, se decide la fecha de la siguiente reunión familiar y con qué actividad lúdica terminarán la sesión: jugarán todos una partida al Monopoly.

La sesión de esta semana acaba con una canción y cinco minutos de baileteo. Después, verán una película todos juntos.

Este es un ejemplo de reunión familiar. Si has trabajado alguna vez en una empresa que utiliza marcos de trabajo ágiles, verás que esta reunión familiar difiere poco de una retrospectiva del marco Agile.

Ofrece muchas ventajas:

- Facilita el diálogo, porque es más sincero y honesto. No hay que ocultar fallos, errores, porque no nos juzgamos unos a otros. Es más, hacemos visibles los errores para aprender de ellos y buscar entre todos soluciones.

- Permite expresarnos desde la vulnerabilidad («No he sabido hacerlo»; «No me ha dado tiempo»; «He tenido distracciones»; «No sé organizarme»; «Necesito ayuda») y, al mismo tiempo, ser protagonistas y buscar la manera de solucionar las cosas que suceden.

- Ayuda a toda la familia a enfocarse en las cosas que sí están saliendo bien mediante los agradecimientos, sin tener que recurrir a alabanzas. Simplemente, al usar la palabra *gracias*, ya evita la necesidad del halago.

- Nos tratamos con respeto y escuchamos sin enjuiciar.

- Respetamos nuestras necesidades y también nos sentimos escuchados.

- Pasamos tiempo juntos.

Y ahora que ya te he contado cómo funcionan las reuniones familiares, ¿cuándo vas a poner en práctica esta herramienta?

Nota 1: Las reuniones deben ser cortas, no más de 30-40 minutos, dependiendo de los asuntos que hay que tratar y de la edad de los hijos.

Nota 2: ¿A partir de qué edad, Adelaida? A partir de los 3, 4 años; muy simples, muy lúdicas. Tú, como adulto, haz el relato de lo que esperamos.

Nota 3: Los acuerdos los cumplimos todos. Si todos hemos decidido utilizar el *moviparking*, todos lo usamos, adultos e hijos.

A veces, en las asambleas familiares surgen temas muy profundos, por discusiones que no se han resuelto, porque decimos o nos dicen cosas feas en momentos de rabia e ira, por lo que es imprescindible que nosotros, como adultos responsables de la educación de nuestros niños y adolescentes, los enseñemos a perdonar (como ya vimos en el capítulo 1).

¿COMUNICAS, ABURRES O INTIMIDAS?

Igual que promuevo la crianza responsable, consciente y respetuosa, también promulgo la comunicación consciente, responsable y respetuosa con tus hijos e hijas.

- Comunicación responsable: porque recae en ti el ser capaz de responder con habilidad cuidando de tu lenguaje y de tu comportamiento para alentar y acompañar con afectividad y propósito a los demás.

- Comunicación consciente: porque te hace tener presente que todo tu ser es capaz de influenciar en los demás a través de tu comunicación, y tú puedes impactarlos de forma positiva (o negativa) con tus miradas, tus gestos, tu tono, con la posición de tu cuerpo, con tus juicios y, al mismo tiempo, con tus palabras, tus etiquetas o tus asunciones.

- Comunicación respetuosa: porque, ya sea con tus palabras o con tus comportamientos, la premisa básica es respetar las ideas, pensamientos o actuaciones de los demás y, en particular, de tus hijos, fomentando y abriendo un diálogo compasivo, amable y abierto con ellos.

En lo referente a comunicación quiero que tengas presente lo siguiente:

- No hables tanto y escucha más. Deja de aburrir a tus hijos con sermones larguísimos que seguro que están magníficamente hilados, pero que no «llegan», porque no es el momento, o bien porque no existe la conexión previa como para que llegue a buen puerto. Primero, conecta con la emoción, con la empatía, con el sentimiento de tus hijos, y, después, cuando hayas llegado ahí, corrige desde la calma y la serenidad.

Cuando los padres y madres me dicen: «Mis hijos no me escuchan», les devuelvo la pregunta: «¿Y tú cómo escuchas a tus hijos?». Porque habitualmente unos padres que escuchan suelen tener hijos que escuchan, y unos padres que no escuchan suelen tener hijos que no escuchan. Revisita el concepto de escucha *basket* que te comenté en el capítulo 1 de este libro, cuando te hablaba de presencia.

- Si tienes algo que decir, utiliza una comunicación clara y concisa. No te andes por las ramas, pide lo que quieres o necesitas sin rodeos, pero con consideración hacia la otra persona. Recuerda, además, lo que ya te había explicado: una persona tiene derecho a decir que no a tu petición. De lo contrario, no se trata de una petición, sino de una orden. Y te aconsejo que, en temas de maternidad y crianza, dejes las órdenes de lado y te centres mucho más en peticiones y negociación.

- Deja de utilizar la comunicación para llevar a tu terreno a tus hijos. Deja de intentar convencerles de algo e intenta que tus hijos expongan sus propios argumentos.

  La palabra *convencer* implica la existencia de un vencedor y de un vencido, y habitualmente en estas ocasiones lo que surge es el rencor o el deseo de venganza. Es mucho mejor intentar influir, con argumentos, con palabras surgidas desde la honestidad y la humildad.

- Presta atención desde dónde hablas a tus hijos. Es posible que tengas toda la razón del mundo respecto a lo que dices, porque, obvio, tienes más experiencia; aun así, no olvides que los tiempos han cambiado, tus hijos e incluso tú habéis cambiado, así que pregúntate: cuando interactúas con ellos, ¿lo haces desde tu ego (el que quiere tener razón e imponerse) o desde la humildad, desde el «Yo no lo sé todo y estoy dispuesto a aprender de ti»?

- Deja de humillar, amenazar, chantajear, utilizar el silencio como un arma arrojadiza ante la «desobediencia» de tus hijos. Aprende a relacionarte desde un lugar más benévolo, tanto para ti como para ellos. Piensa en el largo plazo, no en cortar el comportamiento. ¿Qué pueden aprender hoy tus hijos de la interacción que estáis teniendo?, ¿del diálogo o no diálogo que estáis (no) manteniendo?

- Olvídate de las exigencias, de la búsqueda de culpables; deja de enjuiciar y de querer tener razón. Por tanto, habla desde el «yo», desde la vulnerabilidad, desde el miedo, si es que lo tienes. Hazlo presente, exprésate apalancándote en tus inseguridades y compártelas. Aprende a comunicarte desde la humildad, desde la conexión, desde la igualdad, desde el respeto. No pienses que mostrarte vulnerable te hace débil; es más bien al contrario.

- Habla de forma objetiva, habla de lo que ves, de hechos observables, y no tanto de lo que interpretas de lo que ves.

- Utiliza un lenguaje que acerque y no que aleje. Cuando he preguntado a personas por el lenguaje que aleja, me han respondido lo siguiente: «Me ignora, no me escucha, quiere tener razón, solo piensa en sí mismo, me critica, me enjuicia, me avasalla, solo habla y no escucha, me interrumpe, no intenta comprenderme, me desprecia, abruma, se queja, se hace la víctima, no asume su responsabilidad, dice: "Sí, pero…". No se calla para que yo argumente; utiliza un lenguaje manipulador y dice: "Y yo más", "Anda que tú" o "Tú más". Me da consejos no solicitados; repite las cosas una y otra vez; no tiene tiempo para escucharme; critica todo sin proponer soluciones; utiliza la ironía y te dice: "Tienes que"; me tacha de "sensible", que tengo poco sentido del humor…».

    Respecto al lenguaje que acerca, me dicen lo siguiente: «Me muestra cariño, humildad, sinceridad, perdón incondicional. Reconoce sus errores, no me interrumpe, me tiene en cuenta, me respeta, me sonríe, busca tiempo y lugar adecuados para atenderme. Cuida el tono y la calidez en la palabra; su lenguaje no verbal es adecuado y se corresponde con lo que me dice. Se muestra vulnerable, respeta la confidencialidad, utiliza el humor en el contexto adecuado, me valora, me da libertad o el tiempo para pensar. Considera mi opinión importante y me ofrece críticas constructivas en tono conciliador».

Cuida tus palabras y tu forma de comunicar tanto si quieres evitar crear un conflicto como si quieres solucionarlo.

¿Por qué gritamos a una persona cuando estamos enfadados?

Cuenta una historia tibetana que un día un viejo sabio preguntó a sus seguidores lo siguiente:

—¿Por qué la gente se grita cuando están enfadados entre sí?

Las personas que estaban alrededor pensaron unos momentos y contestaron:

—Porque perdemos la calma —dijo uno—, por eso gritamos.

—Pero ¿por qué gritar cuando la otra persona está a tu lado? —preguntó el sabio—. ¿No es posible hablarle en voz baja? ¿Por qué le gritas a una persona cuando estás enfadado?

Las personas que estaban ahí no sabían qué responder, por lo que el sabio finalmente explicó:

—Cuando dos personas están enojadas, sus corazones se alejan mucho, y para cubrir esa distancia deben gritar, para poder escucharse. Mientras más enfadados estén, más fuerte tendrán que gritar para escucharse el uno al otro a través de esa gran distancia.

Luego, el sabio continuó:

—¿Qué sucede cuando dos personas se enamoran? Ellos no se gritan, sino que se hablan suavemente porque sus corazones están muy cerca. La distancia entre ellos es muy pequeña.

»Cuando se enamoran más aún, ¿qué sucede? No hablan, solo susurran y se vuelven aún más cerca en su amor. Finalmente, no necesitan siquiera susurrar, solo se miran, y eso es todo. Así es cuan cerca están dos personas cuando se aman…

Luego, dijo:

—Cuando discutáis, no dejéis que vuestros corazones se alejen, no digáis palabras que os distancien más, porque puede llegar un día en que la distancia sea tanta que no encontréis más el camino de regreso.

¿Qué tipo de impacto quieres tener en tus hijos?

Por fin has llegado al final de este libro que he escrito para ti con todo mi cariño y dedicación.

Nunca olvides que todos y cada uno de los detalles de tu vida son decisivos porque nos enseñan qué podemos esperar del mundo y de los demás.

Presta atención a cada interacción, a cada mirada, a cada risa, a cada momento, a cada caricia, a cada éxito, a cada reproche, a cada grito, a cada golpe, a cada gesto.

Cualquier cosa que hagas con tus hijos e hijas puede ser la diferencia entre dejar un impacto positivo en ellos que los ayudará a crecer durante toda su vida o, por el contrario, recolectar heridas que tardarán años en cicatrizar y sanar.

Deseo que estas páginas te ayuden a disfrutar de tu vida y de la crianza de tus hijos e hijas.

Me encantará que me escribas a 2positivekids.book@gmail. com y me cuentes qué te ha parecido, para así poder seguir creciendo juntos.

Gracias.

Adelaida

Bibliografía

BROWN, Brené (2016). *El poder de ser vulnerable: ¿Qué te atreverías a hacer si el miedo no te paralizara? (Crecimiento personal).* Ediciones Urano: Madrid (España).

COVEY, Sean (2019). *Los 7 hábitos de los adolescentes altamente efectivos: La mejor guía práctica para que los jóvenes alcancen el éxito.* Penguin Random House: Madrid (España).

COVEY, Stephen R. (1997). *Los 7 hábitos de la gente altamente efectiva.* Editorial Paidós: Barcelona (España).

FABER, Adele y MAZLISH, Elaine (2015). *Cómo hablar para que sus hijos le escuchen y cómo escuchar para que sus hijos hablen.* Editorial Planeta: México D. F. (México).

ICHIRO KISHIMI, Ichiro y KOGA, Fumitake (2019). *Atrévete a no gustar.* Zenith México editoriales: México D. F. (México).

KUBLER ROSS, Elizabeth (2016). *La muerte: un amanecer.* Editorial Diana: México D. F. (México).

LEW, Amy (2021). «The Story of the Crucial Cs: Tradition, Origin, and Applications», en *The Journal of Individual Psychology,* vol. 77, n.º 2, pp. 119-129. University of Texas Press: Austin (Texas).

LOGATT GRABNER, Carlos y CASTRO, María (2013). *Neurociencia para el cambio. Una guía general para aquellos que están buscando un sentido a su vida.* Autopublicado por la Asociación Educar: Buenos Aires (Argentina).

MARCHANT ET D'ASEMBOURG, Thomas (2010). *Deja de ser amable: ¡sé auténtico! Cómo estar con los demás sin dejar de ser uno mismo*. Editorial Sal Terrae: Cantabria (España).

MASLOW, Abraham (2017). *A Theory of Human Motivation*. Dancing Unicorn Books: Lanham (Maryland, EE. UU.).

NELSEN, Jane (2007). *Cómo educar con firmeza y cariño*. Editorial Medici: Barcelona (España).

ROJAS ESTAPÉ, Marian (2018). *Cómo hacer que te pasen cosas buenas: entiende tu cerebro, gestiona tus emociones, mejora tu vida*. Editorial Espasa: Madrid (España).

SELIGMAN, Martin (2007). *The Optimistic Child: A Proven Program to Safeguard Children Against Depression and Build Lifelong Resilience*. Mariner Books: Boston (Estados Unidos).

SIEGEL, Daniel J. (2014). *Tormenta cerebral: El poder y el propósito del cerebro adolescente (Psicología/Padres)*. Editorial Alba: Barcelona (España).

—. y PAYNE, Tina (2018). *The Yes Brain: How to Cultivate Courage, Curiosity, and Resilience in Your Child*. Bantam Books: New York (Estados Unidos).

SINEK, Simon (2009). *Start with the Why. How great leaders inspire everyone to take action: The Inspiring Million-Copy Bestseller That Will Help You Find Your Purpose*. Penguin Books: Londres (Reino Unido).

VAN EDWARDS, Vanessa (2017). *Cautivar. La ciencia de seducir a las personas*. Editorial Oberon: Madrid (España).

WALKER, Mathew (2020). *¿Por qué dormimos?* Capitán Swing: Madrid (España).